PC와 스마트폰을 한 번에

누구나 손쉽게 배우는 노션
Guide Book

노션 공식 엠버서더
차지영 지음

아티오 ArtStudio

차지영

- 노션 공식 앰버서더
- 시리얼 소속 강사
- KDAM 소속 강사
- 한국디지털미디어협회 소속 강사
- 한국코치협회 인증코치
- 인천대학교 창업지원단 외래 교수
- 대학교 및 기관 출강
  성균관대, 울산대, 부산외대, 부산대, 한국관광공사, 상상우리, 서울시민대학,
  부산시민운동지원센터, 마산인력개발센터, 서울디지털대학, 서울시50플러스 등 다수

저자와 소통할 수 있는 채널

- 이메일: chajy9693@gmail.com
- 인스타그램: www.instagram.com/passion_jiyoung

PC와 스마트폰을 한 번에
누구나 손쉽게 배우는 노션 Guide Book

2024년 9월 18일 초판 인쇄
2024년 9월 20일 초판 발행

펴 낸 이 | 김정철
펴 낸 곳 | 아티오
지 은 이 | 차지영
마 케 팅 | 강원경
기획진행 | 김미영
표   지 | 김지영
편   집 | 주경미
전   화 | 031-983-4092
팩   스 | 031-983-4093
등   록 | 2013년 2월 22일
정   가 | 23,000원
주   소 | 경기도 고양시 일산동구 호수로 336 브라운스톤
홈페이지 | http://www.atio.co.kr

* 아티오는 Art Studio의 줄임말로 혼을 깃들인 예술적인 감각으로 도서를 만들어 독자에게 최상의 지식을 전달해
  드리고자 하는 마음을 담고 있습니다.

프롤로그

이 책은 데스크톱에 더해서 스마트폰을 이용하여 시간과 공간의 제약 없이 일상의 아이디어 기록부터 프로젝트, 업무 관리까지 노션을 잘 활용할 수 있도록 만든 가이드북입니다.

20년 가까이 휴식기 없이 직장 생활을 하다가 코로나까지 겹치면서 몸과 마음이 지쳐 직장을 나온 뒤 혼란스러운 시기를 보냈습니다. 잠시의 휴식기 이후 다시 일어서기 위해 무엇이라도 배워보고자 이리저리 기웃거리면서 참 많은 것을 배웠습니다. 다양한 분야의 책을 읽고, 각 분야의 전문가 온라인 강좌에도 참여하였으며, 메타버스, 웹3.0 등 트렌디한 도구는 다 배워가며 쉼 없이 달려갔습니다. 하지만 이것저것 배우다 보니 지식이 복잡하게 얽혀가면서 바랐던 성장과는 달리 방향성을 찾지 못해 점점 더 혼란스러워졌고 마음만 급해지면서 자존감은 떨어져 갔습니다.

그러다 내린 결론은 무조건 새로운 지식을 쌓는 것이 아니라, 배운 지식을 정리하고 나만의 방향성을 찾는 것이 중요하다고 느꼈고, 그때 운명처럼 만난 도구가 노션입니다.

노션은 단순한 도구 이상이었습니다. 노션을 통해 제 안에 쌓인 지식, 정보, 경험을 기록할 수 있었으며, 제 삶을 정리하고 계획하는 데 있어 중요한 역할을 했습니다. 삶에서 가장 기본이자 핵심은 정리라는 것을 깨달으면서, 이것이 중요한 전략이라는 것을 알았습니다. 그래서 일상의 사소한 기록부터 프로젝트 관리까지 활용하고 계획하면서 다양하게 시도해 볼 수 있었습니다.

노션의 큰 장점 중 하나는 PC뿐만 아니라 모바일에서도 사용할 수 있다는 점입니다. 많은 사람들이 "노션은 컴퓨터로만 쓰는 게 나을 것 같아" 혹은 "핸드폰으로는 사용하기 불편할 것 같아"라고 모바일 사용을 주저합니다. 저 역시 처음에는 노션을 모바일로 사용하는 것이 불편할 것이라 생각했습니다. 하지만 실제로 모바일을 사용해 보니 노션의 활용도가 크게 높아졌습니다. 카페, 버스, 지하철 안에서, 심지어 걸어가면서도 떠오르는 아이디어를 즉시 기록할 수 있었고, 콘텐츠 제작과 업무 효율성이 크게 향상되었습니다.

시작은 단순히 '기록을 잘하고 싶다'는 생각뿐이었지만, 그 도구가 노션이었기에 가능했습니다. 이 글을 쓰고 있는 지금도, 마치 꿈을 꾸는 것처럼 설렙니다. 노션을 알기 전 나의 기록은 한두 달 쓰다 만 다이어리가 전부였지만, 이제 제 삶의 모든 기록을 노션과 함께하고 있으며, 노션을 통해 제 꿈을 하나씩 이루어 가고 있습니다.

노션을 통해 저는 경력 단절 여성에서 노션 전문 강사라는 새로운 직업을 얻었고, 인생의 제2막을 시작할 수 있었습니다. 노션을 시작할 때는 단순히 기록을 잘하고 싶다는 목표에서 출발했지만, 이 도구를 통해 새로운 인생 목표를 설정하였으며, 기록을 통해 목표들을 구체화하고 달성해 가면서 활발히 활동하고 있습니다.

2022년의 목표는 5가지였습니다. 노션 오프라인 강의, 노션 앰버서더 되기, 온라인 플랫폼 강의 런칭, 노션책 출간, 노션 템플릿 크리에이터 되기. 이 중 앞의 세 가지는 이루었고, 드디어 4번째인 종이책 출간을 앞두고 있습니다.

노션을 처음 접하는 분들과 노션은 컴퓨터 전용이라고 생각하시는 분들까지, 이 책은 누구에게나 단계별로 쉽게, 노션을 사용할 수 있도록 안내합니다. 노션 초보자도 모바일 환경에서 쉽게 따라 할 수 있도록, 자세한 메뉴 설명부터 템플릿 실습까지 이미지와 함께 설명했습니다.

무수한 시행착오를 거치면서 현재에 이르기까지 몸소 체험했던 모든 노하우를 담았으므로 이 책을 통해 일상부터 업무까지 더 스마트하게 노션을 활용해 보시길 바랍니다. 노션의 기록은 여러분의 삶에서 새로운 가능성을 열어줄 것입니다.

| 무기록자였습니다.

퇴직 후 이것저것 배우기는 했지만, 나의 자산으로 쓸 수 있는 나만의 기록이나 자료가 없다는 것을 깨달았습니다. 그동안 정리해 본 경험이 없었기에 방법이나 도구에 대해 몰랐고, 첫 번째 선택은 종이 노트였습니다. 기록을 시작한 것만으로도 나 스스로 대견하였고, 할 수 있는 기록을 다 했던 것 같습니다. 그러나 작성한 내용을 다시 찾아보고 싶어도 정리의 방법을 몰랐기에 내가 기록한 내용을 다시 찾는 일도 쉽지 않았고, 그 한계성을 느끼던 중 노션을 만나게 되었습니다.

| 노션을 통해 시작된 인생 2막을 열다.

노션을 처음 접하고 디지털 기록의 신세계를 본 것 같았습니다. 직장생활을 하며 접한 업무 기록의 형식은 엑셀이 대부분이었고 기본적인 기능 외에는 잘 다루지 못했기에 회사에서 정해준 템플릿 형태로 주어진 서식에 입력만 하면 되었습니다. 업무에서 주로 사용하던 PDF, PNG, JPG, Word, 한글, MS OUTLOOK, Google Workspace… 등과 같은 도구들의 대한 기능과 차이점을 몰랐기에 회사에서 요청 메일이 오면 인터넷에 검색해서 겨우 해내는 정도였습니다. 그렇다 보니 디지털 도구는 회사 업무로만 활용한다는 나만의 선입견이 있었고 내가 접할 수 있는 디지털 도구의 종류는 대부분 단순한 모바일앱 정도였으며 즐겨 사용하는 앱은 삼성노트가 전부였습니다. 이런 저에게 노션은 내가 원하는 형식을 다 기록할 수 있고, 컴퓨터와 모바일에서 동시에 접속하여 사용할 수 있다는 것만으로도 놀라운 발견이었습니다.

활용을 하면서 기록한 내용 중 공유하고 싶은 정보를 링크로 전달해 주었고 노션을 알려달라는 사람들이 늘기 시작하면서 자연스럽게 온라인 강의로 연결되었습니다. 그러다 대한민국에서 노션1인자라고 할 수 있는 시리얼 전시진 대표님을 만나면서 오프라인 강의에도 진출하여 성균관대, 부산대, 울산대, 동덕여대 등 대학교부터 서울시민대학, 상상우리, 비영리단체 등 많은 기관에 노션전문강사로 강의를 나가고 있습니다.

▎STORY가 HISTORY가 됩니다.

매년 새해가 다가오면 많이 판매되는 제품 중 하나가 바로 다이어리와 문구류입니다. 그만큼 사람들은 일정 관리부터 시간 관리, 기록에 대한 열망이 있고, 방법에 대한 고민이 많습니다. 그러나 자신만의 방법을 못 찾거나 1~2달 이상 지속이 어렵기에 다양한 커뮤니티 챌린지 시스템에 나를 가두고 기록과 자기 계발에 많은 시간과 노력을 기울입니다.

저도 이 과정을 거쳤고 주로 노션을 활용하지만, 용도에 따라 종이 다이어리를 사용하였습니다. 노션이 무조건 정답은 아닙니다. 완벽하지 않습니다. 하지만 저는 종이 기록의 한계를 노션으로 뛰어넘었고, 그 과정에서 많은 시행착오를 겪으면서 기록하게 되었습니다.

이 글을 읽고 있다면 노션에 대한 관심과 기록에 대한 열망이 있을 것입니다. 먼저 기록을 통해 무엇을 이루고 싶은지 목적과 목표를 정해보세요. 그리고 기록을 시작해 보세요. 종이도 괜찮고, 에버노트나 삼성노트와 같은 앱도 좋고, 노션이나 비슷한 도구 무엇이든 상관없습니다. 나에게 맞는 도구를 아날로그와 디지털 각각 1개씩 선택해서 같이 사용하면서 서로의 보완점을 찾아가 보세요.

컴퓨터 활용 못 하셔도 됩니다. 이 책에서 알려드리는 기능만 활용해도 내가 원하는 기록을 충분히 하실 수 있습니다. 노션의 기본 기능을 알고 간단한 템플릿의 구조만 이해할 수 있다면 충분히 활용할 수 있습니다.

그럼, 지금부터 노션을 시작해 볼까요?!! 노션을 배우면서 처음 기록으로 나의 인생에서 꿈꾸는 목표를 작성해 보세요. 노션과 함께하는 기록을 통해 일상의 STORY를 기록하며 인생의 HISTORY가 되었으면 합니다.

차지영

챕터

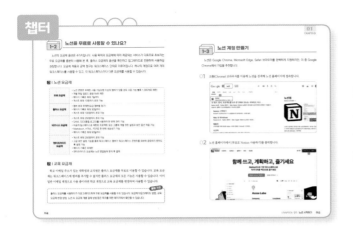

노션 최초로 동일한 기능을 데스크톱과 모바일 앱에서 사용하는 방법을 설명하였습니다. 총 8챕터로 구성하여 초보자를 위한 따라하기 학습으로 누구나 쉽게 노션을 익힐 수 있도록 구성하였습니다.

실전 연습 따라하기

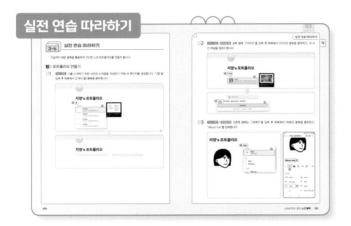

실전 연습 따라하기는 책을 읽으면서 기능만 이해하고 끝나지 않고, 배운 기능을 통합적으로 따라하면서 나만의 템플릿을 만들 수 있도록 구성하였습니다.

열정지영

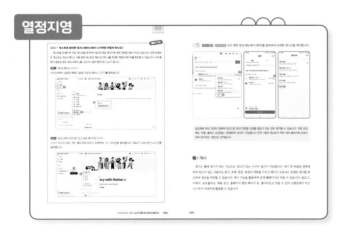

노션을 보다 친절하고 열정 있게 강의하는 차지영 강사의 장점을 반영한 **열정 지영** 구성 요소는 노션을 학습하면서 간과하는 기능이나 자주 쓰지 않지만 알면 좋은 기능을 설명하였고, 파란 음영 박스 구성 요소는 따라하기 학습 중에 필요한 추가 설명으로 노션을 보다 재미 있고, 쉽게 배울 수 있도록 구성하였습니다.

독자를 위한 페이지

이 책을 학습하면서 필요한 자료를 "독자를 위한 페이지 템플릿"으로 제공합니다. 스마트폰으로 QR을 찍거나 웹브라우저 주소창에 템플릿 주소를 입력하여 템플릿을 복제하여 활용합니다. 복제하는 방법은 이 책 본문 75~76쪽을 참고합니다.

URL: bit.ly/누구나손쉽게배우는노션

URL: bit.ly/템플릿복제방법

독자를 위한 페이지 템플릿

템플릿 복제 방법 영상

8일 만에 끝내기

☐ 1일째	☐ 2일째	☐ 3일째	☐ 4일째
CHAPTER 1 CHAPTER 2	CHAPTER 3	CHAPTER 3	CHAPTER 4

☐ 8일째	☐ 7일째	☐ 6일째	☐ 5일째
CHAPTER 8	CHAPTER 7	CHAPTER 5 CHAPTER 6	CHAPTER 4

프롤로그

무기록자였습니다. 004

노션을 통해 시작된 인생 2막 열다. 004

STORY가 HISTORY가 됩니다. 005

CHAPTER 1 노션 시작하기

1-1 노션이 뭐예요? 012

1-2 노션을 무료로 사용할 수 있나요? 014

1-3 노션 계정 만들기 015

1-4 노션 앱 설치는 어떻게 하죠? 022

1-5 노션 최신 버전 확인하기 028

CHAPTER 2 노션 계정 & 워크스페이스

2-1 계정 및 워크스페이스 030

2-2 워크스페이스 사이드바 메뉴 사용법 032

2-3 워크스페이스 편집기(콘텐츠 페이지) 메뉴 사용법 044

2-4 워크스페이스 추가 방법 063

2-5 워크스페이스 삭제 방법 064

2-6 페이지 공유 방법 067

2-7 설정과 멤버 082

CHAPTER 3 노션 블록

3-1 새 페이지 생성 방법 090

3-2 기본 블록 사용 방법 099

3-3 실전 연습 따라하기 118

3-4 임베드 & 미디어 127

3-5 동기화 방법 153

3-6 실전 연습 따라하기 160

CHAPTER 4 노션 데이터베이스

4-1 데이터베이스 메뉴 및 종류 170

4-2 데이터베이스 속성 177

4-3 실전 연습 따라하기 189

4-4 다양한 보기(View) 레이아웃 209

4-5 실전 연습 따라하기 236

4-6 필터, 정렬 246

4-7 실전 연습 따라하기 250

4-8 링크(연결)된 데이터베이스 263

4-9 데이터베이스 템플릿 267

4-10 데이터베이스 관계형 및 롤업 279

CHAPTER 5 템플릿 페이지 복제 & 이동

5-1 템플릿 페이지 복제   300

5-2 워크스페이스 내에서 페이지 이동   303

5-3 다른 워크스페이스로 페이지 이동(복제)   306

5-4 다른 계정으로 페이지 이동(복제)   308

Chapter 6 노션 캘린더

6-1 노션 캘린더 다운로드 및 계정 생성   312

6-2 노션 캘린더 5단계 설정 및 데이터베이스 연결   315

6-3 노션 캘린더 화면 메뉴 설정   322

6-4 노션 캘린더에서 빠르게 일정 등록하는 방법   326

6-5 링크 하나로 빠르게 약속 일정 잡는 방법   334

6-6 노션 캘린더 모바일 앱과 위젯으로 일정 관리 방법   340

Chapter 7 노션 홈

7-1 노션 홈 위젯 메뉴와 설정 방법   344

7-2 예정된 이벤트 위젯   347

7-3 내 작업 위젯   350

7-4 홈보기(데이터베이스 보기) 위젯   355

7-5 학습하기 위젯   356

7-6 추천 템플릿 위젯   356

Chapter 8 노션 AI

8-1 노션 AI 사용법   358

8-2 노션 AI 글쓰기   361

8-3 자동화 커스텀 AI 블록   365

8-4 요약, 번역, 키워드 자동 채우기 AI   369

8-5 노션 Q&A 사용법   379

CHAPTER 01

노션 시작하기

Notion은 여러분이 컴퓨터에서 즐겨하는 거의 모든 것을 만들 수 있는 블록을 담은 상자입니다. 이를테면 다음과 같은 것들을 만들 수 있습니다.

- 문서
- 데이터베이스
- 공개 웹사이트
- 지식 베이스
- 프로젝트 관리 시스템
- 그리고 세상에서 제일 예쁜 메모장

Notion은 여러 면에서 다른 소프트웨어와 차별화됩니다. Notion의 기초만 익히고 나면 원하는 거의 모든 것을 만들 수 있습니다.

1-1 노션이 뭐예요?

　　노션은 생산성을 높여주는 도구로 일상생활의 기록부터 업무까지 체계적으로 관리하고 정리할 수 있는 온라인 작업 공간입니다. 노션은 다이어리, 가계부, 독서 기록, 스터디 관리, 포트폴리오 등 개인의 일상 기록을 다양하게 할 수 있습니다. 또한 홈페이지, 고객관리, 회사 인트라넷, 팀프로젝트까지 많은 사람과 함께 활용할 수 있어 기업들도 사용하고 있습니다.

노션은 시간을 절약해 줍니다.

　　마이크로소프트 연구에 따르면 미국 직장인들은 엉뚱한 곳에 보관된 메모와 파일 등을 찾느라 1년에 평균 76시간을 사용한다고 합니다. 노션 검색 기능을 이용하면 필요한 자료를 찾는 시간을 아낄 수 있습니다. 최근 노션 AI 기능이 업데이트되면서 궁금한 내용에 대한 답변과 함께 키워드와 관련한 노션 페이지까지 검색하여 한 번에 보여줍니다.

노션은 기억 저장소입니다.

　　"나의 기록을 키워드로 검색해 보세요"

　　유명한 심리학자 에빙하우스에 의하면 학습한 정보는 하루가 지나면 33%밖에 기억을 못 한다고 합니다. 우리 기억 속에 몇%가 기억될까요? 앞으로는 정보를 저장한 노션에 페이지 위치만 기억하세요. 노션에 저장하기 전까지는 인터넷에 있는 정보였지만 노션에 저장하는 순간 나의 지식이 됩니다.

　　　　"머리는 아이디어를 생각하는 곳이지 보관하는 곳이어서는 안 된다"

– 데이비드 앨런 –

언제나 기록할 수 있고 어디서나 접속할 수 있는 클라우드 메모지입니다.

　　"기록"이라는 단어를 들으면 가장 먼저 떠오르는 것은 노트와 필기 도구입니다. 노션은 컴퓨터, 태블릿, 모바일 모두 동기화되므로 언제 어디서나 기록할 수 있습니다. 인터넷이 되는 곳이라면 실시간으로 입력한 내용이 바로 업데이트되어 2개 이상의 기기에서 동시에 작업할 수 있습니다.

노션 페이지를 공유하고 함께 작업할 수 있습니다.

업무에 가장 많이 활용하는 도구는 한글 워드 또는 MS 오피스입니다. 최근에 구글 워크스페이스를 사용하는 회사가 늘고 있지만 보안과 같은 여러 가지 이유로 내부 전산망에 한정되고 정해진 가이드에 맞는 형식만 사용합니다. 노션을 이용할 경우 페이지 링크 주소만으로 나의 페이지 내용을 공유할 수 있고 부여된 권한에 따라 페이지 내용을 함께 작업할 수 있습니다.

다양한 형태의 파일을 입력과 저장할 수 있습니다.

노션 페이지는 거의 모든 온라인 콘텐츠를 임베드할 수 있습니다. 노션에서 제공하지 않는 기능이지만 1,900개가 넘는 도메인의 외부 콘텐츠를 다양한 서비스로 노션 페이지 안에 삽입할 수 있습니다. 사진, 동영상뿐만 아니라 PDF 파일, Word, Google Maps, 구글 설문지, 타이폼 등을 다운로드하지 않고 바로 내용을 확인할 수 있습니다.

노션을 무료로 무제한 사용할 수 있습니다.

노션은 개인이 사용 시 무제한 사용할 수 있습니다. 처음 사용할 때 3가지만 주의한다면 비용에 대한 부담 없이 자유롭게 이용할 수 있습니다.

- 파일 용량 5MB 이상 업로드하는 경우
- 워크스페이스에 멤버를 추가하는 경우
- 게스트를 11명 이상 초대하는 경우

노션을 무료로 사용할 수 있나요?

노션의 요금제 옵션은 4가지입니다. 사용 목적과 요금제에 따라 제공되는 서비스가 다르므로 초보자는 무료 요금제를 충분히 사용해 본 후, 플러스 요금제의 옵션을 확인하고 업그레이드로 전환하여 사용하길 권장합니다. 요금제 적용과 금액 청구는 워크스페이스 단위로 이루어집니다. 하나의 계정으로 여러 개의 워크스페이스를 사용할 수 있고, 각 워크스페이스마다 다른 요금제를 사용할 수 있습니다.

N | 노션 요금제

무료 요금제	• 노션 콘텐츠 무제한 사용 가능(2명 이상의 멤버가 있을 경우 사용 가능 블록 1,000개로 제한) • 개별 파일 업로드 용량 5MB 제한 • 페이지 기록은 최대 7일까지 • 게스트 최대 10명까지 초대 가능
플러스 요금제	• 멤버 초대 무제한(요금 멤버별 청구) • 페이지 기록은 최대 30일까지 • 게스트 최대 100명까지 초대 가능
비즈니스 요금제	• 게스트 최대 250명까지 초대 가능 • SAML SSO(통합 로그인)를 사용하여 한 번에 관리 가능 • 비공개 팀스페이스로 제한된 프로젝트 또는 그룹에 개별 권한 설정과 보안 옵션 적용 가능 • Markdown, HTML, PDF로 한 번에 내보내기 가능 • 페이지 기록은 최대 90일까지
엔터프라이즈 요금제	• 게스트 최대 250명까지 초대 가능 • 고급 보안 설정 기능을 통해 워크스페이스 멤버가 워크스페이스 콘텐츠를 외부에 공유하지 못하도록 설정 가능 • 페이지 기록은 무제한 • 엔터프라이즈 요금제는 노션 영업팀에 문의 후 결제

N | 교육 요금제

학교 이메일 주소가 있는 대학생과 교직원은 플러스 요금제를 무료로 이용할 수 있습니다. 교육 요금제는 워크스페이스에 멤버를 추가할 수 없지만 플러스 요금제의 모든 기능은 사용할 수 있습니다. 이미 일반 이메일 계정으로 사용 중이라면 학교 계정으로 교육 요금제를 변경하여 사용할 수 있습니다.

> **열정 지영**
>
> 플러스 요금제를 사용하다가 다운그레이드하여 무료 요금제를 사용할 수도 있습니다. 요금제 다운그레이드 방법, 교육 요금제 변경 방법, 노션 AI 요금제 개별 결제 방법 등은 독자를 위한 페이지에서 확인할 수 있습니다.

노션 계정 만들기

노션은 Google Chrome, Microsoft Edge, Safari 브라우저를 완벽하게 지원하지만, 이 중 Google Chrome에서 가입을 추천합니다.

01 크롬(Chrome) 브라우저를 이용해 노션을 검색해 노션 홈페이지에 접속합니다.

02 노션 홈페이지에서 [무료로 Notion 사용하기]를 클릭합니다.

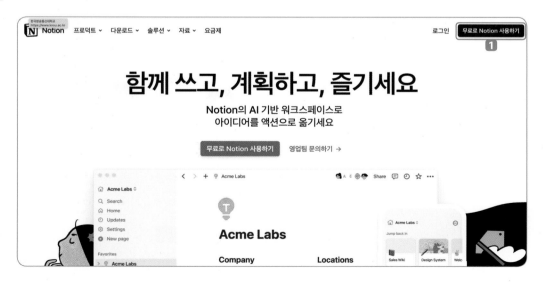

N | Google 계정으로 가입하기

Google, Apple, Daum, Naver 등 기존 이메일 계정을 이용해 노션에 가입할 수 있습니다. 노션은 Google 계정 사용을 권장합니다. 구글 계정이 없다면 구글 회원 가입을 먼저 합니다. 구글 계정이 있다면 가입 절차 없이 노션 회원 가입을 할 수 있습니다. 이 책은 Google 계정과 다른 이메일 계정으로 가입하는 방법을 소개합니다.

01 노션 홈페이지 왼쪽 상단에 ⊕ 한국어 ⌄ 를 확인하고 [Google로 계속하기]를 클릭합니다. 가입할 구글 이메일을 클릭 또는 입력합니다.

02 사용할 목적에 맞는 노션의 용도를 선택합니다. 개인 사용자라면 [개인용]을 클릭합니다.

03 '무슨 생각을 하고 있나요?'의 목록 중에서 원하는 것을 선택하고 [계속]을 클릭하거나 관심사가 없다면 [건너뛰기]를 클릭합니다.

04 노션 첫 화면이 나타나고 개인 페이지 섹션에 시작하기와 선택한 템플릿이 나타납니다. 건너뛰기를 하였다면 월별 가계부와 주간 할 일 목록 템플릿이 기본으로 나타납니다.

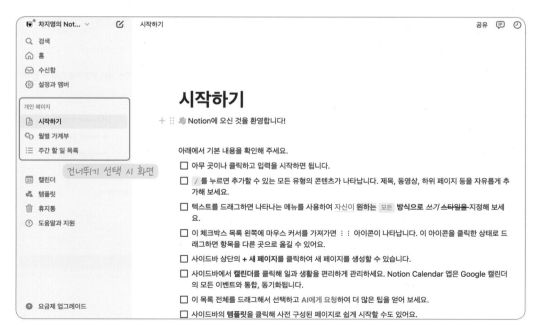

📖 | 이메일 주소로 가입하기

　Naver, Daum 등 다른 이메일 주소로 가입할 경우 계정을 잘 기억해 두길 바랍니다. 실습 계정으로 활용합니다.

01 노션 홈페이지에서 [무료로 Notion 사용하기]를 클릭합니다.

02 이메일을 입력하고 [계속]을 클릭합니다. 로그인을 위한 인증 코드 입력 칸이 생성됩니다. 입력한 이메일로 인증 코드가 수신이 안 된 경우 [다시 보내기]를 클릭합니다.

03 이메일로 전송된 임시 Notion 등록 코드를 드래그하여 복사합니다.

04 로그인 코드 입력 칸에 복사한 임시 Notion 등록 코드를 붙여넣기하고 [계속]을 클릭합니다. 선호하는 이름과 비밀번호를 입력 후, [계속]을 클릭합니다(Notion의 마케팅 메시지를 수신에 동의하는 경우 메일로 새로운 소식이 발송됩니다).

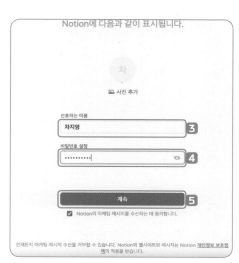

05 사용할 목적에 맞는 노션의 용도를 선택합니다. 개인 사용자라면 [개인용]을 클릭합니다.

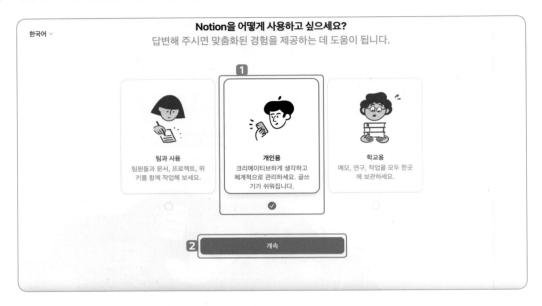

06 '무슨 생각을 하고 있나요?'의 목록 중에서 원하는 것을 선택하고 [계속]을 클릭하거나 관심사가 없다면 [건너뛰기]를 클릭합니다.

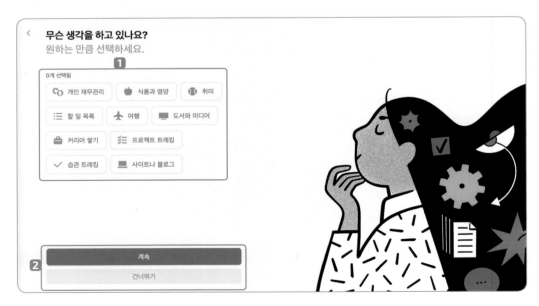

07 노션 첫 화면이 나타나고 개인 페이지 섹션에 시작하기와 선택한 템플릿이 나타납니다. 건너뛰기를 하였다면 월별 가계부와 주간 할 일 목록 템플릿이 기본으로 나타납니다.

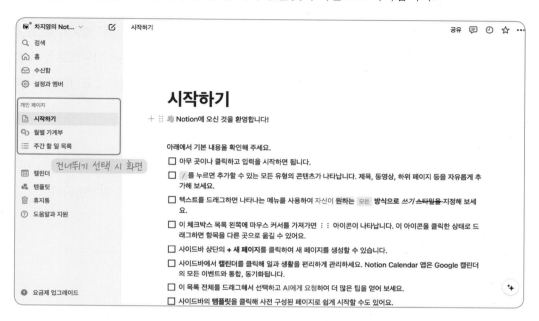

08 노션을 가입하면 시작하기 페이지에 있는 내용입니다. 기본 사용 방법이므로 꼭 읽어봅니다.

☐ 아무 곳이나 클릭하고 입력을 시작하면 됩니다.

☐ / 를 누르면 추가할 수 있는 모든 유형의 콘텐츠가 나타납니다. 제목, 동영상, 하위 페이지 등을 자유롭게 추가해 보세요.

☐ 텍스트를 드래그하면 나타나는 메뉴를 사용하여 자신이 원하는 모든 방식으로 쓰기 스타일을 지정해 보세요

☐ 체크박스 목록 왼쪽에 마우스 커서를 가져가면 ⁝⁝ 아이콘이 나타납니다.
이 아이콘을 클릭한 상태로 드래그하면 항목을 다른 곳으로 옮길 수 있어요.

☐ 사이드바 상단의 ＋ 새 페이지를 클릭하여 새 페이지를 생성할 수 있습니다.

☐ 사이드바에서 캘린더를 클릭해 일과 생활을 편리하게 관리하세요. Notion Calendar 앱은 Google 캘린더의 모든 이벤트와 통합, 동기화됩니다.

☐ 목록 전체를 드래그해서 선택하고 AI에게 요청하여 더 많은 팁을 얻어 보세요.

☐ 사이드바의 템플릿을 클릭해 사전 구성된 페이지로 쉽게 시작할 수도 있어요.

☐ ▶ 토글 블록도 가능합니다. 왼쪽의 삼각형 아이콘을 클릭해 유용한 링크를 확인하세요.

노션 앱 설치는 어떻게 하죠?

노션은 클라우드 기반 앱이며 다양한 웹 브라우저에서 컴퓨터나 노트북을 이용하여 별도의 프로그램 설치 없이 노션 사이트에 접속하여 로그인하는 방식입니다. 크롬으로 접속할 경우 별도의 로그인이 없이 바로 접속할 수 있습니다. 노션은 웹에 연결되는 중에는 모든 기기에서 콘텐츠가 자동으로 동기화됩니다. 또한 데스크톱 앱 설치 시 웹 브라우저가 아닌 노션 데스크톱 앱을 통해서도 바로 로그인이 가능합니다.

데스크톱 앱 설치 방법

노션 데스크톱 앱은 프로그램처럼 단독으로 실행됩니다. 데스크톱 앱 설치 시 컴퓨터 버전의 경우 Windows는 Windows 10 버전 21H2 이상, Mac OS은 MacOS 11 이상을 권장합니다.

01 노션 홈페이지에서 [다운로드]-[Notion(노션)]을 클릭합니다.

02 [Windows용 다운로드]를 클릭합니다. 내 컴퓨터에 다운로드가 완료된 파일을 열고 안내에 따라 노션을 설치합니다. 노션 데스크톱 앱을 열고 가입한 계정으로 로그합니다.

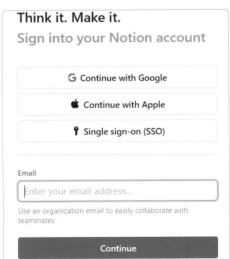

N | 모바일 앱 설치 방법

노션 모바일 앱 다운로드 시 Android는 Android 8 이상, iOS는 iOS 15.0 이상을 권장합니다.

01 Apple App Store 또는 Google Play Store에서 노션(Notion)을 검색하여 설치하고, 앱을 열면 로그인 화면이 나타납니다. 로그인 후 첫 화면에서 빠른 메모 위젯을 추가하면 모바일 홈 화면에 추가됩니다.

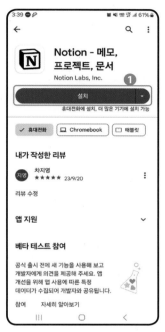

Q&A 설치했는데 화면이 달라요?

데스크톱 웹 브라우저와 모바일 앱에서 회원가입 한 경우 초보자를 위한 가이드 템플릿이 다르므로 당황하지 않아도 됩니다.

웹 브라우저에서 신규 가입 시 '시작하기' 가이드 템플릿이 제공되고, 모바일 앱에서 신규 가입 시 '모바일에서 시작하기' 가이드 템플릿이 제공됩니다.

웹브라우저 신규 가입   모바일 앱 신규 가입

ⓝ| 모바일 앱 위젯

노션 모바일 앱은 위젯의 기능을 함께 사용할 수 있습니다. 노션 위젯 유형은 빠른 메모를 포함하여 총 4가지를 제공합니다. 이 책 이미지 화면의 위젯 구성은 기종과 기기의 환경설정에 따라 다르게 보일 수 있습니다.

빠른 메모 위젯	빠른 메모를 위한 새페이지 생성 위젯(Android 만 해당)
페이지 위젯	1개 페이지를 아이콘과 커버 이미지로 보여주는 위젯
최근 방문 위젯	가장 최근에 방문한 페이지를 보여주는 위젯
즐겨찾기 위젯	사이드바의 즐겨찾기 섹션에 고정된 페이지를 보여주는 위젯

위젯은 사용자 인터페이스의 한 요소로 특정 기능을 수행하거나 정보를 표시하는 작은 응용프로그램입니다. 위젯은 사용자가 웹을 열지 않고도 중요한 정보를 빠르게 확인할 수 있습니다. 메모, 날씨, 달력, 계산기, 뉴스 등 다양한 종류의 위젯이 있으며 스마트폰, 데스크톱, 태블릿 등 다양한 기기에서 활용됩니다.

◆ **아이폰 위젯 설치 방법**

01 Apple App Store에서 Notion iOS 앱을 다운로드합니다. 홈 화면에서 앱 아이콘을 길게 누르고 [홈 화면 편집]을 터치합니다. 화면 오른쪽 상단에서 ➕ 터치합니다.

02 상단 검색 창에서 notion을 검색합니다. 원하는 위젯을 선택하고 [위젯 추가]를 터치합니다. 홈 화면에 위치를 지정 후 옵션 목록이 나타날 때까지 위젯을 길게 터치합니다.

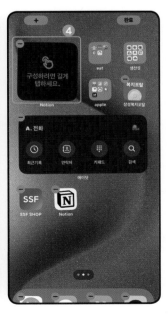

03 위젯에 표시할 워크스페이스와 페이지를 선택합니다. 팝업 창 밖을 터치하고 즐겨찾기와 최근 방문 위젯을 추가로 설치합니다.

◆ 안드로이드(Android) 위젯 설치 방법

01 Google Play Store에서 노션 앱을 다운로드 후 로그인합니다. 홈 화면으로 꺼내고, 노션 앱을 길게 누릅니다. 메뉴에서 [위젯]을 터치하고 위로 밀면서 확인합니다.

02 위젯의 종류를 확인 후 선택한 위젯을 추가합니다. 위젯에 표시할 워크스페이스와 페이지를 선택 후 [완료]를 터치합니다.

03 같은 방법으로 다른 위젯을 설치합니다. 필요한 위젯을 추가 후 나의 스타일에 맞도록 배치합니다. 화면의 위젯 구성은 기종과 기기의 환경설정에 따라 다르게 보일 수 있습니다.

1-5 노션 최신 버전 확인하기

노션은 정기적으로 버그 수정과 성능 개선을 포함한 자동 업데이트 버전을 배포합니다.

◆ **크롬 웹 브라우저에서 최신 버전 확인 방법**

노션 사이드바의 [도움말과 지원]을 클릭하면 마지막 업데이트 버전과 일시를 확인할 수 있습니다.

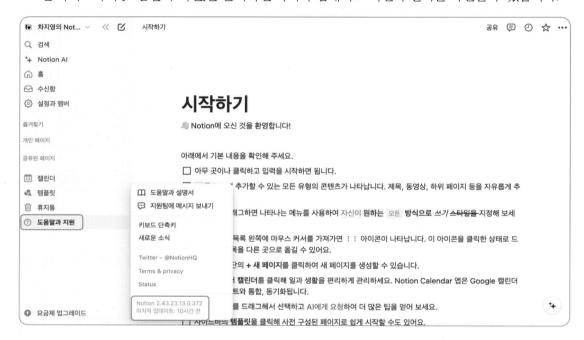

◆ **Windows 데스크톱 앱 최신 버전 확인 방법**

Windows 데스크톱 앱 왼쪽 상단의 노션 로고를 클릭하면 메뉴에서 [파일]–[업데이트 확인]을 클릭하여 최신 버전을 확인할 수 있습니다. 만약 메뉴가 보이지 않는다면 노션 화면을 클릭하고 키보드 Alt 를 누르면 메뉴가 나타납니다. 업데이트된 새 기능이 보이지 않으면 키보드 Ctrl + R 을 눌러 새로 고침합니다.

◆ **Mac 데스크톱 앱 최신 버전 확인 방법**

화면 왼쪽 상단 메뉴 모음에서 노션을 마우스로 클릭하고 [업데이트 확인]을 클릭해 최신 버전을 확인할 수 있습니다. 업데이트된 새 기능이 보이지 않으면 키보드 Cmd + R 을 눌러 새로 고침합니다.

CHAPTER 02

노션 계정 &
워크스페이스

Notion에서의 모든 작업은 워크스페이스에서 이루어집니다. 워크스페이스란 원하는 방식으로 정보를 정리하고 콘텐츠를 작성할 수 있는 작업 공간입니다. 개인이나 팀, 회사의 필요에 맞게 구성할 수 있습니다. 원하는 대로 워크스페이스를 만들고 수정, 확장할 수 있습니다.

계정 및 워크스페이스

Ⓝ | 계정 및 워크스페이스

계정은 노션에 로그인하기 위해 가입한 이메일 주소입니다. 계정은 각각 다른 이메일로 여러 개 만들 수 있고 여러 개의 계정을 동시에 로그인하여 계정 간 이동을 자유롭게 할 수 있습니다.

워크스페이스는 노션 계정으로 만든 작업 공간입니다. 워크스페이스는 각 계정마다 여러 개를 추가할 수 있고, 워크스페이스 간 이동을 자유롭게 할 수 있습니다.

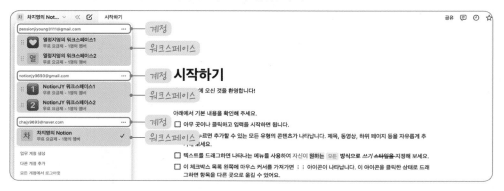

Ⓝ | 데스크톱 앱 워크스페이스 화면 구성

워크스페이스는 사이드바와 편집기로 나눠져 있고 노션에서 다양하게 제공되는 대부분의 기능들을 포함하고 있습니다.

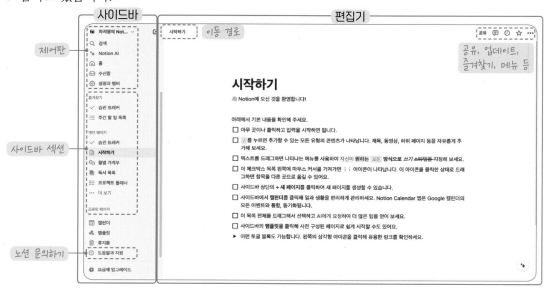

N | 모바일 앱 워크스페이스 화면 구성

모바일 앱에서도 쉽게 활용할 수 있고 모바일 앱 워크스페이스 화면 구성은 다음과 같습니다.

모바일 사이드바

모바일 편집기

모바일 편집기

❶ 워크스페이스
❷ 설정 메뉴
❸ 최근 방문한 페이지
❹ 사이드바 섹션

❺ 홈(사이드바로 이동)
❻ 검색
❼ 수신함
❽ 새페이지 생성

❶ 아이콘 추가
❷ 커버 추가
❸ 댓글 추가
❹ 페이지 제목
❺ 개인 페이지

❻ 템플릿
❼ 받아쓰기
❽ 카메라/갤러리
❾ 키패드
❿ 모바일 메뉴

❶ 공유
❷ ⋯ 메뉴
❸ 완료
❹ 모바일 툴바

편집기 툴바 메뉴

❶ 노션AI
❷ 블록 추가
❸ 받아쓰기

❹ 카메라/갤러리
❺ 블록 전환
❻ 텍스트 편집

❼ 댓글
❽ 실행 취소
❾ 멘션

❿ 삭제
⓫ 들여쓰기
⓬ 내어쓰기

⓭ 블록 위로 이동
⓮ 블록 아래로 이동
⓯ ⋯ 메뉴

텍스트 편집 툴바 메뉴

❶ 툴바 메뉴로 이동
❷ 블록 (배경)색 변경

❸ 굵게
❹ 기울기

❺ 밑줄
❻ 취소선

❼ 하이퍼링크
❽ 코드로 표시

❾ 수학 코드
❿ 키패드

2-2 워크스페이스 사이드바 메뉴 사용법

노션 사이드바 상단에 마우스를 가져가면 ≪(사이드바 닫기) 아이콘이 나타납니다. ≪ 아이콘을 클릭하여 사이드바를 여닫을 수 있습니다. 사이드바는 제어판, 즐겨찾기,개인 페이지, 공유된 페이지, 캘린더, 템플릿, 휴지통, 도움말과 지원, 요금제 업그레이드로 구성되어 있습니다. 워크스페이스에서 만드는 모든 콘텐츠(페이지, 데이터베이스)는 사이드바에서 찾을 수 있습니다.

`데스크톱` 사이드바는 워크스페이스 왼쪽에 위치합니다.
`모바일 앱` 홈 버튼을 터치하여 나타난 화면이 사이드바입니다.

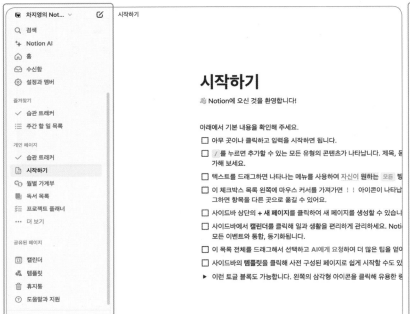

데스크톱 사이드바

모바일 앱 사이드바

열정 지영

이 책은 노션 가입 시 개인용으로 가입하였습니다. 개인용으로 가입할 경우 워크스페이스 사이드바에는 즐겨찾기, 팀 스페이스, 공유된 페이지는 나타나지 않습니다. 앞으로 이 책을 학습해 가면서 즐겨찾기, 공유된 페이지는 생성될 예정입니다. 팀스페이스가 사이드바에 보인다면 팀과 사용으로 가입한 경우입니다.

Ⓝ | 제어판

데스크톱 제어판은 워크스페이스 상단에 위치합니다.

모바일 앱 워크스페이스 오른쪽 옆 ••• 아이콘을 터치하면 나타납니다.

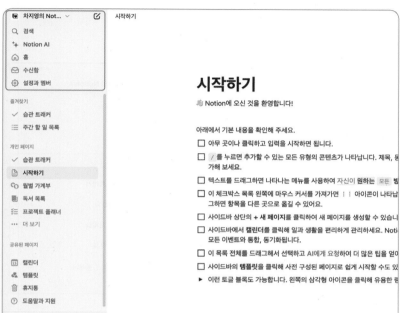

워크스페이스 이름	현재 사용중인 워크스페이스 이름으로 다른 워크스페이스 이동, 새로운 워크스페이스 생성, 다른 계정 생성, 로그아웃 등을 할 수 있습니다.
검색	Notion 검색 창으로 검색어를 입력하거나 최근 방문한 페이지로 이동할 수 있습니다(모바일 앱 은 하단의 🔍 클릭).
Notion AI	사용자에게 사용 권한이 있는 워크스페이스 내의 페이지 전체를 검색하여 질문에 답합니다. 또한 필요한 정보를 빠르게 찾아줍니다.
홈	워크스페이스 전체에 있는 중요한 콘텐츠를 한 곳에서 보여줍니다. [CHAPTER 07 노션 홈]에서 설정하는 방법을 확인할 수 있습니다.
수신함	모든 알림을 한 곳에서 볼 수 있습니다. 팔로우하는 페이지의 편집 내역, 워크스페이스에서 내가 멘션된 부분, 새로 할당된 작업 등이 나타납니다. 읽지 않은 알림이 있으면 빨간색 알림 배지가 표시됩니다(모바일 앱 은 하단의 📩 클릭).
설정과 멤버	계정 정보 및 설정, 워크스페이스 정보 및 설정, 결제 및 청구 정보에 관한 설정 등을 확인할 수 있습니다.

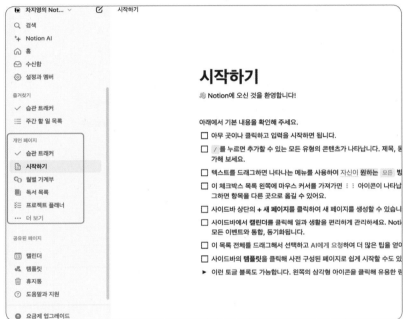 ┃ 개인 페이지

워크스페이스에는 개인 페이지 섹션이 있습니다. 개인 페이지 제목 왼쪽 `>` 아이콘을 클릭하여 위, 아래로 드래그하여 위치를 이동할 수 있습니다.

`데스크톱` 개인 페이지는 워크스페이스 사이드바 중간에 위치합니다.

`모바일 앱` 최근 방문한 페이지 또는 즐겨찾기 페이지 아래 위치합니다.

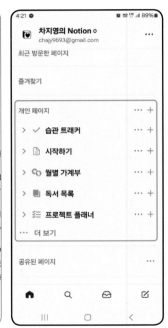

열정 지영

섹션별 표시 커스텀

사이드바의 각 섹션별 정렬 방법과 표시되는 항목 개수, 섹션 이동 등 사이드바 섹션 표시를 커스텀할 수 있습니다. 페이지 항목 하단에 더 보기가 표시된다면 `...`-[표시]-[모두]를 클릭하면 나타나지 않습니다.

📝 | 즐겨찾기

즐겨찾기는 자주 사용하는 페이지를 사이드바에 고정하는 기능입니다.

[데스크톱] 즐겨찾기를 설정할 개인 페이지를 선택하고 화면 오른쪽 상단의 ☆ 아이콘을 클릭합니다.

[모바일 앱] 즐겨찾기를 설정할 개인 페이지 옆에 ••• 아이콘을 터치 후, [즐겨찾기 추가]를 터치합니다.

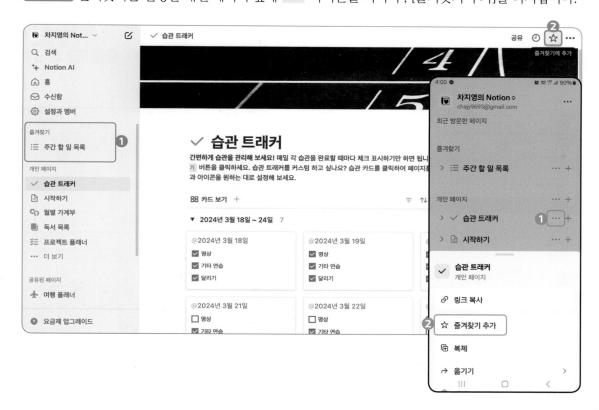

즐겨찾기 추가 시 마지막으로 설정한 페이지가 사이드바 즐겨찾기 섹션 상단에 표시되고, 즐겨찾기 페이지 제목을 클릭하여 드래그하여 위치를 이동할 수 있습니다.

열정 지영

Ⓝ | 공유된 페이지

개인 페이지의 최상위 첫 페이지를 공유 기능을 이용해 다른 사용자를 초대하는 경우, 초대하는 즉시 사이드바에 공유된 페이지 섹션이 생성됩니다.

◆ 페이지 공유하는 방법

01 개인 페이지에서 공유하고 싶은 페이지를 선택하고 `데스크톱` 페이지 화면 오른쪽 상단의 [공유]-[공유]를 클릭합니다. 이메일 또는 그룹을 입력 후 [초대]를 클릭합니다. `모바일앱` ⬆ -[권한]을 터치하고 초대할 계정 입력 후 [초대]를 터치합니다.

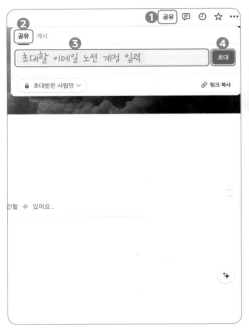

02 링크 주소를 받은 사람은 공유 페이지를 보기 위한 초대 안내 메일을 받게 됩니다. 이메일을 확인 후 [초대 수락]을 클릭합니다. 단, 링크 주소를 받은 사람이 노션 회원이 아니라면 노션을 가입해야 합니다.

노션 가입으로 초대 받은 사람도 노션 계정이 생성되었고, 초대받은 사람의 사이드바 제어판 수신함에 초대된 페이지가 표시됩니다. 공유한 페이지는 사이드바 개인 페이지 섹션에 표시됩니다.

초대받은 이메일　　　　　　　　초대받은 워크스페이스

03 [데스크톱] 공유한 페이지 오른쪽 상단의 [공유]-[공유]를 클릭하면 초대된 계정은 게스트로 표시됩니다. [모바일 앱] 공유한 페이지 오른쪽 상단의 ⬆️ -[권한]을 터치하면 초대된 계정은 게스트로 표시됩니다.

초대된 사용자는 사이드바의 워크스페이스 이름을 클릭하면 초대한 사람의 계정 이름 옆에 게스트로 표시됩니다.
노션 실습을 위해 [1-3 노션 계정 만들기]에서 생성한 이메일 계정으로 초대합니다(016쪽 참고).

04 데스크톱 / 모바일앱 공유된 페이지의 공유를 중단하려면 워크스페이스 화면 오른쪽 상단의 [공유]를 클릭하고 초대된 게스트를 선택한 후 허용된 권한을 제거합니다.

05 데스크톱 공유된 페이지의 초대된 사용자를 모두 제거하면 공유된 페이지 목록에서 사라지고 개인 페이지로 이동합니다.

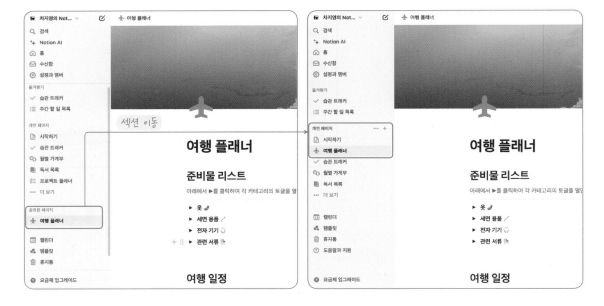

모바일 앱 페이지 상단의 ⬆ 아이콘을 터치 후 계정 이름 옆에 게스트로 표시된 사용자를 제거할 수 있습니다. 해당 페이지는 개인 페이지로 이동합니다.

내가 공유한 페이지에서 실수로 나가기 한 경우, 나의 워크스페이스에서 해당 페이지는 사라지고 나의 접근 권한이 사라집니다. 해당 페이지 권한을 다시 복구하고, 나의 공유 페이지 섹션에 페이지를 표시하려면, 초대받은 게스트에게 나를 초대하도록 요청해야 합니다. 게스트는 반드시 전체 편집 권한을 부여받은 경우만 가능합니다.

Ⓝ | 캘린더

노션 캘린더는 노션에서 입력한 일정과 구글 캘린더에서 등록한 일정을 한 곳에서 관리할 수 있습니다. 가입과 사용 방법이 직관적이어서 누구나 쉽게 사용할 수 있어 노션 사용자라면 꼭 이용하길 추천하는 기능입니다. 노션 캘린더는 [CHAPTER 06]에서 자세히 설명합니다.

출처: 노션 공식 홈페이지

Ⓝ | 템플릿

노션 홈페이지에서 제공하는 템플릿으로 새 페이지를 만들 수 있습니다.

데스크톱 사이드바 하단에 [템플릿]을 클릭합니다. 템플릿 갤러리에서 원하는 템플릿을 검색한 후, [내 워크스페이스에 추가]를 클릭합니다.

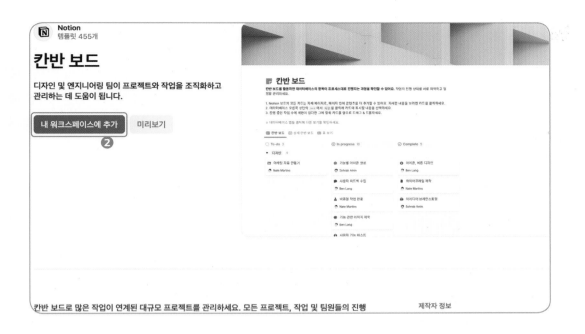

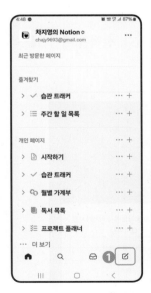   

모바일 앱 오른쪽 하단의 ✑ 아이콘을 터치하고 키패드에 나타난 [템플릿]을 터치합니다. 템플릿 중 관심있는 주제를 선택하고 [템플릿 사용]을 터치하면 개인 페이지에 추가됩니다.

ⓝ | 휴지통

데스크톱 휴지통을 클릭하면 최종 편집자, 검색 범위, 팀스페이스로 구분되어 있고 페이지 이름으로 직접 검색할 수 있는 팝업 창이 나타나고 복원 또는 영구 삭제할 수 있습니다. 휴지통에 30일까지만 보관되고 자동으로 삭제됩니다.

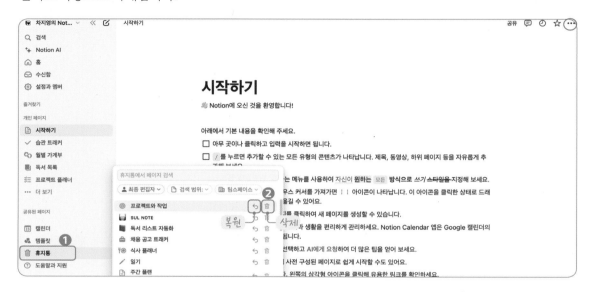

모바일앱 워크스페이스 이름 옆에 ··· 아이콘을 터치 후 [휴지통]을 클릭합니다. 선택한 페이지를 복원 또는 영구 삭제할 수 있습니다.

ㅣ마우스 오버 옵션

데스크톱 사이드바에서 페이지 제목 위에 마우스 커서를 오버하면 두 가지 옵션이 표시됩니다. + 아이콘으로는 하위 페이지 추가를 할 수 있습니다. ••• 아이콘을 클릭하면 즐겨찾기 추가/해제, 링크 복사, 복제, 이름 바꾸기, 옮기기, 삭제, 위키로 전환, 새 탭에서 열기, 새 창에서 열기, 사이드 보기에서 열기 등의 작업을 할 수 있는 메뉴가 나타납니다.

모바일앱 페이지 제목 옆에 ••• 아이콘을 터치하면 링크 복사, 즐겨찾기 추가/해제, 복제, 옮기기, 제거 등의 메뉴가 나타납니다.

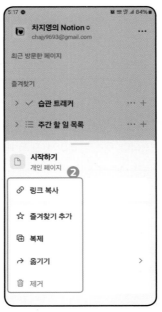

워크스페이스 편집기(콘텐츠 페이지) 메뉴 사용법

워크스페이스 편집기는 노션의 모든 작업이 이루어지는 공간으로 앞으로 하나씩 알아갈 다양한 블록을 이용하여 기록, 계획, 편집 등 무한 작업을 할 수 있습니다.

Ⓝ | 워크스페이스 편집기

데스크톱 / 모바일앱 워크스페이스 편집기는 뒤로 가기, 앞으로 가기, 새 탭, 이동 경로, 공유, 댓글, 모든 업데이트, 즐겨찾기, ••• 아이콘 메뉴 등으로 구성되어 있습니다.

> **블록**
>
> 워크스페이스에 이미 텍스트를 입력하였다면, 텍스트 블록을 추가한 것입니다. 노션 페이지에는 텍스트 이외에도 다양한 콘텐츠를 추가할 수 있습니다. 텍스트, 이미지, 표 등 페이지에 추가하는 콘텐츠는 각각의 하나의 블록입니다.

Ⓝ | 이동 경로

데스크톱 워크스페이스 편집기 상단에 이동 경로 표시로 인해 현재 페이지의 위치를 파악할 수 있고 페이지 이름을 클릭하면 해당 페이지로 바로 이동할 수 있습니다. 하위 페이지가 여러 단계인 경우 페이지 중간의 ・・・ 아이콘으로 표시됩니다. 사이드바에서도 페이지의 경로와 위치를 파악할 수 있으며, 현재 페이지는 연한 회색의 배경색으로 표시됩니다. 모바일앱 상단에 표시되는 현재 페이지 제목을 클릭하여 페이지 경로를 확인합니다.

Ⓝ I 공유(=공동 작업자)

노션의 페이지와 데이터베이스(전체 페이지)는 공유와 게시 기능으로 워크스페이스 내/외부 사용자와 공유할 수 있습니다.

◆ 공유 기능

노션 계정이 있는 특정 대상만 페이지에 초대하여 페이지에 대한 권한을 부여할 수 있고 초대받은 사람마다 다르게 권한을 부여할 수 있습니다. 초대는 최대 5명까지 할 수 있고, 초대한 프로필 사진에 마우스 커서를 오버하면 이름, 이메일(노션 계정), 마지막 방문 일시를 확인할 수 있습니다.

◆ 게시 기능

웹에 게시할 경우 링크가 있는 모든 사용자는 접근이 가능합니다. 노션에 로그인한 사용자만 페이지를 허용한 권한에 따라 복제, 댓글, 편집이 가능합니다.

🅝 | 모든 업데이트

노션에서는 현재 페이지의 모든 수정 내역과 댓글은 자동 저장되고 페이지 오른쪽 상단의 🕐 아이콘을 클릭해 현재 페이지의 모든 수정 내역과 댓글을 확인합니다.

날짜 옆의 🔒 아이콘은 플러스 요금제로 업그레이드할 때만 볼 수 있고 잠금 상태임을 의미합니다. 무료 요금제는 페이지 기록 보관 기간이 7일로, 편집한 날이 7일 초과하는 경우 표시됩니다.

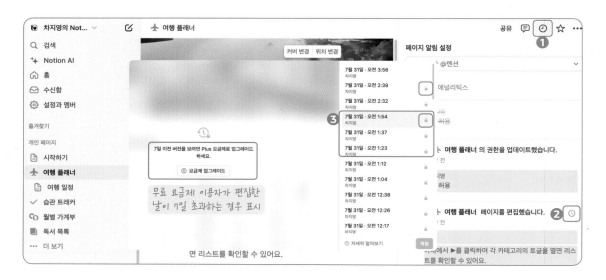

복원을 원하는 날짜를 클릭 후 페이지 내용을 확인하고, 버전 복원 및 취소를 선택할 수 있습니다.

N | 즐겨찾기 설정

노션의 하위 페이지는 여러 단계로 중첩된 페이지 구조와 많은 페이지 수로 인해 바로 찾기 어려운 경우가 있습니다. 이 경우 자주 방문하는 페이지나 현재 작업 중인 페이지를 즐겨찾기로 설정합니다.

◆ 즐겨찾기 설정 방법 1

데스크톱 즐겨찾기할 페이지 제목을 선택하고 페이지 오른쪽 상단의 ☆ 아이콘을 클릭하면 사이드바 즐겨찾기 섹션에 표시됩니다. **모바일앱** 즐겨찾기할 페이지 제목을 터치하고 화면 상단의 ⋯ 아이콘을 클릭 후, [즐겨찾기 추가]를 터치합니다.

◆ 즐겨찾기 설정 방법 2

`데스크톱` 즐겨찾기할 페이지 제목 위로 마우스 오버하여 나타난 ··· 아이콘을 클릭 후, [즐겨찾기에 추가]를 클릭합니다. `모바일 앱` 즐겨찾기할 페이지 제목 오른쪽 옆 ··· 아이콘을 터치 후, [즐겨찾기 추가]를 터치합니다.

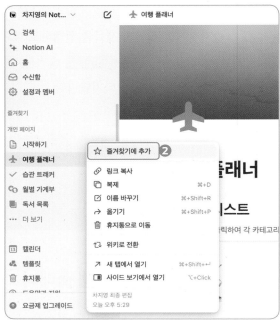

Ⓝ I 즐겨찾기 해제

데스크톱 즐겨찾기를 해제하려면 즐겨찾기를 지정할 때와 반대로 데스크톱 페이지 상단의 ★ 아이콘을 클릭하면 해제되고, 또는 데스크톱 사이드바의 즐겨찾기 섹션의 페이지 제목 위로 마우스 오버하여 ••• 아이콘을 클릭하거나 마우스를 오른쪽 단추를 클릭 후, [즐겨찾기 해제]를 클릭합니다.

모바일 앱 페이지 상단의 ••• 아이콘을 클릭 후, [즐겨찾기 해제]를 터치하여 해제합니다.

Q&A 메뉴가 데스크톱과 모바일 앱이 달라요?

페이지의 모든 메뉴는 ••• 아이콘을 클릭하면 나타납니다. 데스크톱에서만 가능한 메뉴도 있고, 데스크톱과 표시 위치가 다른 메뉴도 있으니 참고 바랍니다.

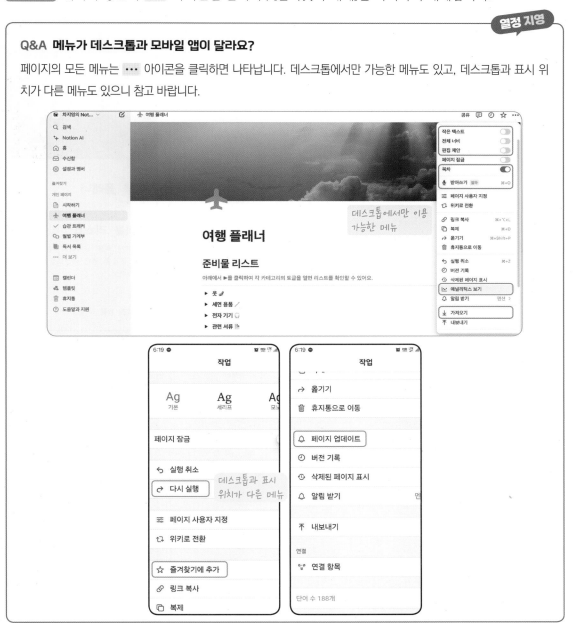

Ⓝ | 글꼴

노션 글꼴은 기본, 세리프, 모노 세 가지입니다. 기본은 깔끔하고 가독성이 좋고, 세리프는 고급스럽고 정중한 느낌으로 영어를 기록할 때 가장 잘 어울리는 글꼴,이고 모노는 귀여운 느낌의 글꼴입니다. 페이지의 글꼴을 설정하면 해당 페이지에만 적용이 되고 다른 페이지에는 영향을 주지 않기에, 페이지의 내용에 맞춰서 글꼴을 설정할 수 있습니다.

[데스크톱] / [모바일 앱] 페이지 오른쪽 상단의 ⋯ 아이콘을 클릭 후 원하는 글꼴을 선택합니다.

N | 작은 텍스트

작은 텍스트는 페이지 전체 글꼴을 작게 표시합니다. 페이지 내용이 많은 경우 작은 텍스트를 적용하면 한 화면에 좀 더 많은 내용을 표시할 수 있습니다.

데스크톱 페이지 오른쪽 상단의 ••• 아이콘을 클릭 후, [작은 텍스트]를 클릭합니다.

작은 텍스트 사용 전

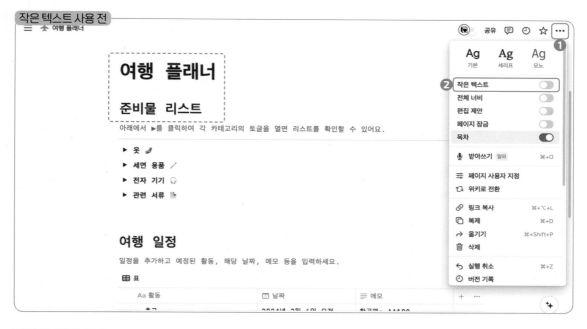

작은 텍스트 사용 후

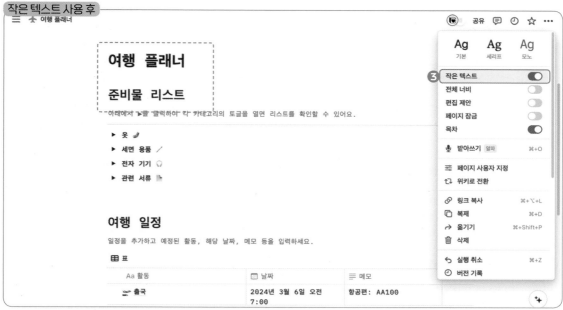

Ⓝ | 전체 너비

전체 너비는 페이지 여백을 줄이고 콘텐츠 영역을 넓게 표시합니다. 기본 블록 사용 시 권장하지 않지만, 페이지 내용이 많거나 데이터베이스, 열 기능 이용 시에는 전체 너비 사용을 사용하시는 것이 좋습니다. 전체 너비는 모바일 앱에서는 제공하지 않는 기능으로 데스크톱에서 전체 너비 사용 유무와 상관없이 모바일 앱에서는 동일하게 보입니다.

[데스크톱] 페이지 오른쪽 상단의 ••• 아이콘을 클릭 후, [전체 너비]를 클릭합니다.

전체 너비 사용 전

전체 너비 사용 후

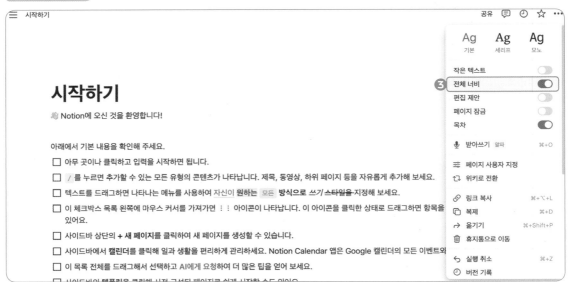

📝 | 페이지 잠금

페이지 잠금은 중요한 페이지를 실수로 편집하는 것을 방지하는 데 유용합니다. 비밀번호를 지정하는 기능이 없기에 페이지 편집 권한이 있는 누구나 잠금 설정/해지를 할 수 있습니다. 페이지 내용을 편집하지 못하도록 게스트 권한을 댓글 허용만 부여하길 추천합니다.

`데스크톱` 페이지 상단의 ··· 아이콘을 클릭 후, [페이지 잠금]을 클릭합니다. 이동 경로 옆에 자물쇠 모양의 잠금 표시가 나타나고, 잠금 해지를 할 경우 🔒 아이콘을 클릭하면 잠금 해지됩니다. 🔓 아이콘을 클릭하면 다시 잠금 표시로 바뀝니다.

페이지 오른쪽 상단의 ··· 아이콘을 클릭 후 [페이지 잠금]-[완료]를 터치합니다. 잠금 해지를 할 경우 🔒 아이콘을 터치하면 잠금 해지됩니다. 🔓 아이콘을 터치하면 다시 잠금 표시로 바뀝니다.

N | 페이지 사용자 지정

페이지 사용자 지정 메뉴를 이용하여 페이지 상단 댓글, 백링크, 페이지 댓글 표시 여부를 설정할 수 있습니다. 댓글은 페이지 상단 제목 아래와 페이지 블록에 작성할 수 있고, 댓글 해결(✓)을 클릭하기 전까지 페이지에 항상 표시됩니다.

백링크는 현재 페이지를 참조하고 있는 다른 페이지들의 목록을 보여주는 기능입니다. 다른 페이지에서 현재 페이지를 멘션하면 자동으로 백링크가 생성됩니다. 백링크를 클릭하면 멘션한 페이지 제목의 위치를 확인할 수 있고, 클릭하여 이동이 가능합니다.

> **열정 지영**
>
> **멘션**
>
> 노션 내에서 다른 페이지, 데이터베이스, 사람, 날짜 등을 참조하는 기능입니다. @ 기호를 입력한 후 원하는 항목을 선택하면 해당 항목에 대한 링크가 자동으로 생성됩니다. 이 생성된 링크를 백링크라고 합니다. 이 기능을 통해 팀원들과 협업이 더욱 원활하고 관련 정보를 빠르게 연결할 수 있어 작업 효율성이 크게 향상됩니다.

데스크톱 / 모바일앱 페이지 오른쪽 상단의 ••• 아이콘을 클릭 후, [페이지 사용자 지정]을 클릭하여 댓글과 백링크 표시 여부를 설정합니다.

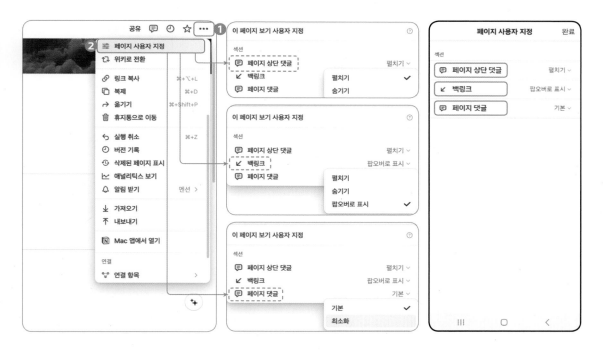

N | 링크 복사

노션은 페이지를 포함한 모든 블록은 링크를 가집니다. 이 중 페이지와 데이터베이스 링크는 페이지에 초대된 사용자 누구나 이 링크를 통해 페이지에 접근이 가능합니다. 페이지 멘션할 때 이 링크를 사용합니다.

데스크톱 / **모바일앱** 페이지 오른쪽 상단의 ··· 아이콘을 클릭 후, [링크복사]를 클릭합니다.

N | 복제

현재 페이지를 복제할 수 있습니다. 복제된 페이지는 페이지 제목 뒤에 (1) 이 표시됩니다. 복제된 페이지는 페이지 콘텐츠는 동일하지만, 페이지 링크가 다르고 공유 상태는 복제되지 않습니다.

데스크톱 / **모바일앱** 페이지 오른쪽 상단의 ··· 아이콘을 클릭 후, [복제]를 클릭합니다.

복제된 상태

Ⓝ | 옮기기

옮기기는 페이지를 이동하는 기능으로 같은 계정에서는 상위 페이지와 하위 페이지를 자유롭게 이동할 수 있고, 같은 계정이지만 다른 워크스페이스로 페이지 옮기기 이동은 불가능하고 복제됩니다. 복제 시 원본 페이지는 유지됩니다.

다른 워크스페이스로 옮기기는 모바일에서도 지원하지 않습니다. 다른 계정으로 페이지를 이동하려면 공유의 게시 기능으로 템플릿을 복제하여 옮길 수 있고 자세한 내용은 5-3 다른 워크스페이스로 페이지 이동(복제)에서 확인합니다(306쪽 참고).

데스크톱 / 모바일 앱 이동하려는 페이지를 선택하고 ••• 아이콘을 클릭 후, [옮기기]를 클릭합니다.

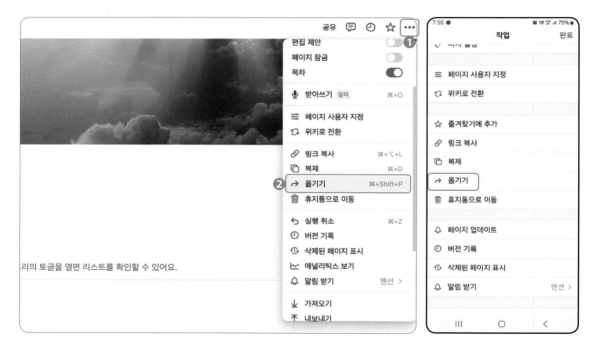

 | 삭제

현재 페이지를 삭제합니다. 삭제된 페이지는 사이드바 휴지통에서 복구할 수 있고, 휴지통에서 30일 이 지나면 자동 삭제됩니다.

◆ **실행 취소**

페이지에서 마지막으로 수행한 작업을 되돌립니다.

데스크톱 키보드 단축키 Ctrl + Z 를 누릅니다.
모바일앱 키패드 상단에 [실행 취소]를 터치합니다.

Ⓝ | 버전 기록

사용 중인 요금제에 따라 무료 요금제는 7일, 플러스 요금제는 30일 동안 페이지 버전 기록을 복원할 수 있습니다. 페이지 기록은 스냅샷으로 저장됩니다.

데스크톱 / 모바일앱 페이지 오른쪽 상단의 ••• 아이콘을 클릭 후, [버전 기록]을 클릭합니다. 날짜를 확인하고 [복원]을 클릭합니다.

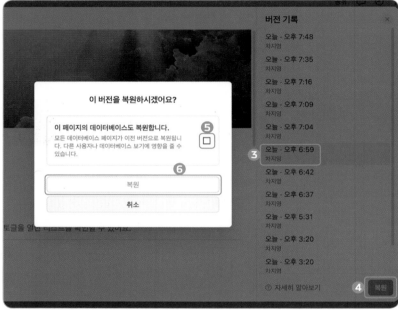

🅽 | 페이지 복구

휴지통을 열어 삭제한 페이지를 복원하거나 영구적으로 제거할 수 있습니다. 휴지통을 클릭하면 최종 편집자, 검색 범위, 팀스페이스로 나뉘어 있고 페이지 이름으로 직접 검색할 수 있습니다. 삭제된 페이지는 복원 또는 영구 삭제가 가능하고 복원 시 삭제 전 위치로 복원됩니다.

🅽 | 내보내기

모든 노션 페이지와 데이터베이스는 PDF, HTML, Markdown & CSV 형식 파일로 컴퓨터에 다운로드할 수 있습니다.

데스크톱 / 모바일앱 내보내기 할 페이지를 선택하고 ⋯ 아이콘을 클릭 후, [내보내기]를 클릭합니다. 옵션을 선택 후 내보내기할 수 있습니다.

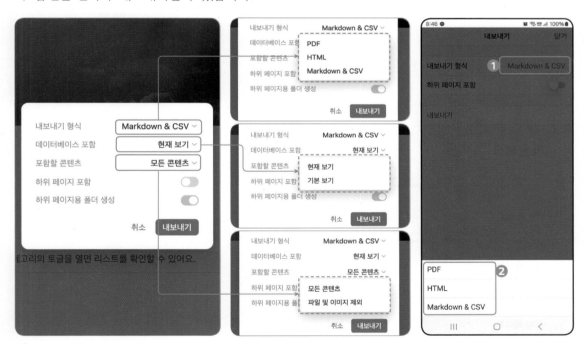

◆ PDF로 내보내기

가장 많이 사용하는 형식은 PDF로 내보내기입니다. 기본 블록을 이용하여 페이지를 구성하는 경우는 노션 페이지 느낌을 그대로 내보내지만, 이미지나 동영상, 데이터베이스가 많이 포함된 경우는 부자연스럽게 단락으로 내보냅니다. 만약 PDF 내보내기에 실패하면 HTML로 내보냅니다.

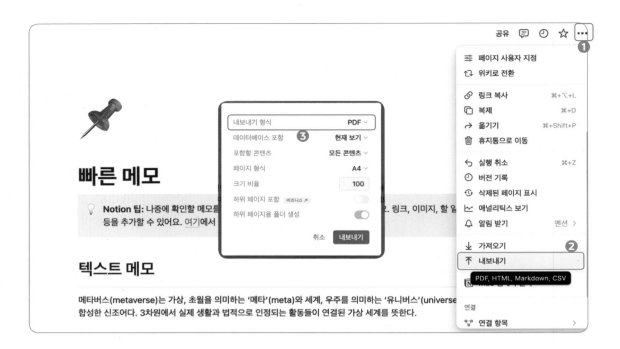

PDF로 내보내기 결과 화면

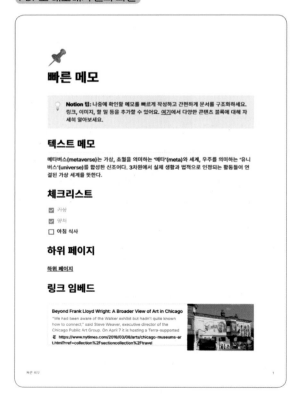

2-4 워크스페이스 추가 방법

N | 새 워크스페이스 생성

워크스페이스는 기본적으로 사용자 이메일 주소에 연결된 모든 워크스페이스와 나를 초대한 계정의 워크스페이스가 표시됩니다. 사이드바 상단에는 내가 참여한 현재의 워크스페이스 이름이 보이고 이 워크스페이스 이름을 클릭하면 메뉴 창이 열립니다.

데스크톱 / 모바일앱 워크스페이스 제목을 클릭하고 ••• 아이콘을 클릭 후, [워크스페이스 생성 또는 참여]를 클릭합니다.

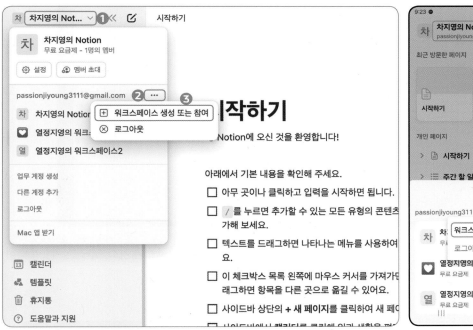

> **열정 지영**
>
> 새 워크스페이스 생성하는 과정은 노션 가입 단계와 같고 [1-3 노션 계정 만들기] 15쪽을 참고하여 순서대로 따라합니다.

워크스페이스 삭제 방법

2-5

생성한 워크스페이스가 필요 없다면 삭제할 수 있고 삭제는 데스크톱 웹브라우저와 데스크톱 앱에서만 가능합니다. 계정의 워크스페이스는 내가 생성한 워크스페이스와 나를 게스트로 초대한 워크스페이스가 있습니다. 내 계정에서 생성된 워크스페이스만 삭제 가능하고, 게스트로 초대한 워크스페이스는 나가기만 가능합니다. 워크스페이스를 영구 삭제할 때는 확인 후 신중하게 삭제합니다.

Ⓝ | 워크스페이스 삭제

01 사이드바의 [설정과 멤버]-[설정]을 클릭합니다. 맨 하단의 [워크스페이스 삭제]를 클릭합니다.

02 빈 칸에 연한 회색으로 입력된 문구를 동일하게 입력합니다. [워크스페이스 영구 삭제] 클릭하면 완료 후 기존의 워크스페이스로 이동합니다.

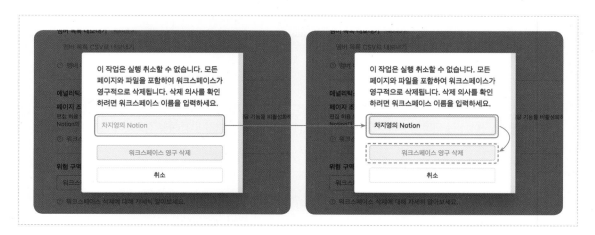

Q&A 1 게스트로 참여한 워크스페이스에서 나가려면 어떻게 하나요?

　게스트를 초대한 후 직접 게스트를 제거하지 않으면 해당 페이지에 대한 권한을 계속 가지고 있습니다. 반면 초대받은 게스트는 워크스페이스 이름 옆에 게스트로 계속 있기에 나를 초대한 계정과 페이지를 확인할 수 있습니다. 나의 활동이 종료된 경우 워크스페이스를 나오거나 일부 페이지만 나오기 합니다.

방법 1 워크스페이스 나가기

사이드바에서 [설정과 멤버]–[설정]–[워크스페이스 나가기]를 클릭합니다.

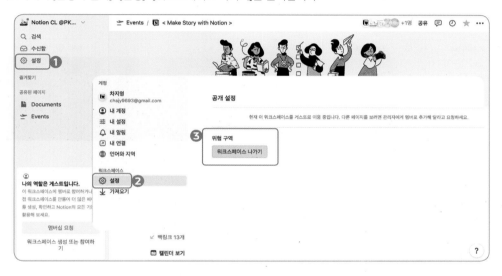

방법 2 워크스페이스에 남아 있고 일부 페이지만 나가기

나가기 하고자 하는 개인 페이지에 마우스 오버하여 ⋯ 아이콘을 클릭합니다. 메뉴가 나타나면 [나가기]를 클릭합니다.

Q&A 2 워크스페이스를 잘못 삭제하여 복구를 하고 싶어요!

노션은 삭제된 워크스페이스를 복구할 수 있습니다. 해당 계정과 워크스페이스를 삭제한 시간을 기억하고 다음 순서대로 복구 요청하시면 됩니다.

① 사이드바 하단의 [도움말과 지원]을 클릭합니다.

② [지원팀에 메시지 보내기]를 클릭합니다.

③ 오른쪽 하단에 검정 말풍선을 클릭합니다.

④ 메시지 입력창에 한국어로 문의 사항을 남깁니다.

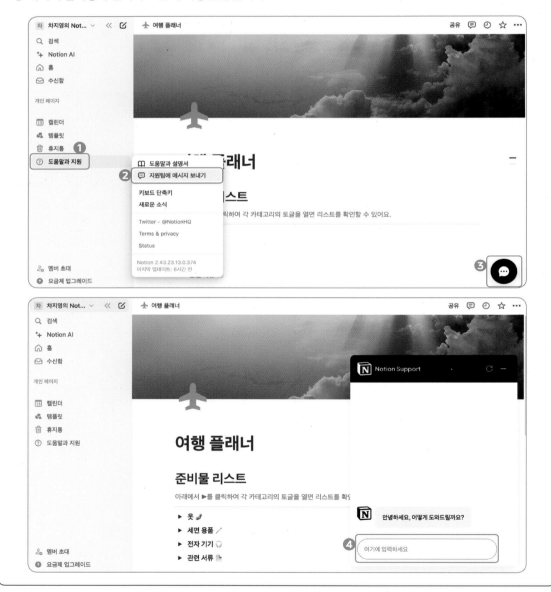

2-6 페이지 공유 방법

　　노션 계정이 있는 특정 대상만 초대하여 페이지에 대한 권한을 부여하고 싶다면 공유를 이용하고, 웹 링크가 있는 모든 사용자가 접근이 가능하게 하려면 게시를 이용하면 됩니다. 공유를 위한 사용자 초대, 게시에서 템플릿 복제, 댓글, 편집은 로그인한 노션 사용자만 가능한 기능이고 게시는 읽기 기능으로 노션 계정이 없어도 웹 링크로 접근할 수 있습니다. 공유와 게시의 차이를 이해하고 권한 선택 시 유의하기 바랍니다.

Ⓝ | 공유

01　데스크톱 페이지 상단의 공유를 클릭합니다. 모바일 앱 페이지 상단의 ⬆ 아이콘을 터치합니다.

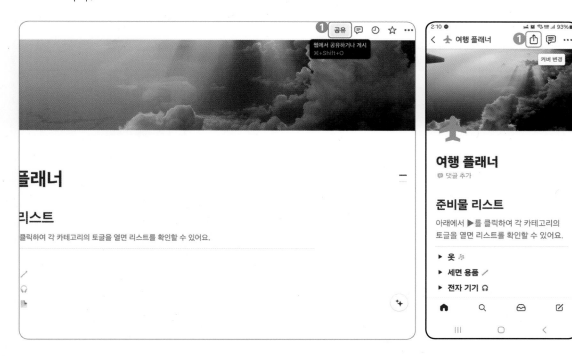

02　데스크톱 초대할 사람의 이메일 주소를 입력하고 [초대]를 클릭합니다. 모바일 앱 [권한]-[이메일이나 사용자 추가]를 터치합니다. 초대할 사람의 이메일 주소를 입력하고 [초대]를 터치합니다.

03 데스크톱 [워크스페이스에 추가] 메뉴가 나타나면 [건너뛰기]를 클릭합니다. 모바일앱 자동으로 게스트로 추가됩니다.

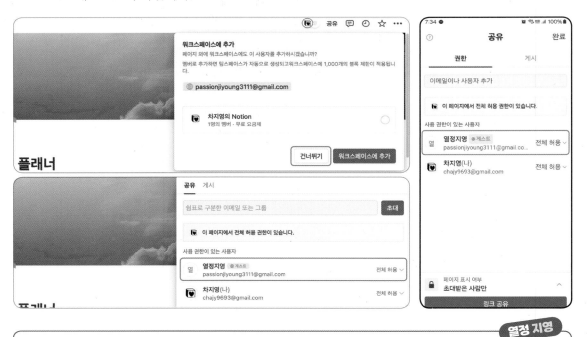

열정 지영

초대하는 사용자는 게스트와 멤버를 선택할 수 있고, 건너뛰기를 클릭하여 멤버로 추가되지 않도록 합니다. 멤버로 초대 시 무료 요금제는 블록이 1,000개로 제한되고, 플러스 요금제인 경우는 멤버당 추가 요금이 부과됩니다.

04 `데스크톱` / `모바일 앱` 초대 후 권한 허용 범위를 선택하기 위해 사용 권한이 있는 사용자 목록에서 게스트를 클릭하여 사용 권한을 설정합니다.

초대 후 권한 허용 범위

전체 허용	모두 허용 권한을 가진 사용자나 그룹은 모든 콘텐츠를 편집할 수 있고, 다른 사람에게 페이지를 공유할 수도 있습니다.
편집 허용	편집 허용은 플러스 요금제 사용자만 허용 권한을 부여할 수 있고, 무료 요금제 사용자는 사용할 수 없습니다. 이 편집 허용 권한을 가진 사용자나 그룹은 콘텐츠를 편집할 수는 있지만, 다른 사람에게 페이지를 공유할 수는 없습니다.
댓글 허용	댓글 허용 권한을 가진 사용자나 그룹은 페이지의 콘텐츠에 댓글을 달 수는 있지만, 페이지를 편집하거나 페이지를 다른 사람에게 공유할 수도 없습니다.
읽기 허용	읽기 허용 권한을 가진 사용자나 그룹은 페이지 콘텐츠를 읽을 수는 있지만, 댓글을 달거나 편집할 수는 없고 페이지를 다른 사람에게 공유할 수도 없습니다.
내용 편집 허용	데이터베이스 전체 페이지에만 표시되는 권한으로. 플러스 요금제 사용자만 권한을 허용할 수 있으며 데이터베이스 내에서 페이지를 생성하거나 편집하고 해당 페이지의 속성을 변경할 수 있습니다. 하지만 데이터베이스 자체의 구조나 속성, 보기, 정렬, 필터를 변경할 수는 없습니다.

05 데스크톱 / 모바일앱 모두 권한 설정 메뉴에서 [제거]를 클릭하여 초대한 게스트를 제거합니다.

요금제에 따라 인원이 정해져 있으므로 초대 인원을 조정할 필요가 있는 경우 제거할 수 있습니다. 무료 요금제는 10명, 플러스 요금제는 100명까지 초대가 가능합니다 만약 1명의 게스트가 여러 개의 페이지에 초대가 되어 있더라도 1명으로 간주됩니다.

❑ I 게시

게시는 웹에 게시가 되는 기능으로, 링크가 있는 누구나 접근이 가능합니다. 게시 후 허용된 권한에 따라 링크가 있는 사용자는 읽기, 복제, 댓글, 편집의 권한을 가지고 페이지 소유자는 언제든 게시를 취소하여 접근을 차단할 수 있습니다. 게시 기능을 활용하여 공개 웹페이지로 만들 수 있습니다. 블로그, 이력서, 포트폴리오, 채용 공고, 홈페이지 랜딩 페이지 등, 웹사이트로 만들 수 있어 브랜딩에서 비즈니스까지 다양하게 활용할 수 있습니다.

01 데스크톱 / 모바일앱 게시하고자 하는 페이지를 선택하고 페이지 오른쪽 상단의 [공유]-[게시]-[게시]를 클릭합니다.

02 데스크톱 / 모바일앱 [공유]-[링크가 있는 모든 사용자] 목록을 클릭하여 사용 권한을 설정합니다.

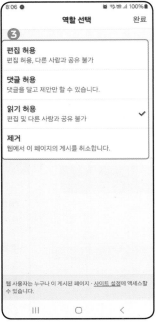

03 데스크톱 / 모바일 앱 게시가 되면 페이지 상단에 파란 배경으로 표시가 됩니다. [사이트 보기]는 웹브라우저에서 게시된 사이트를 미리 볼 수 있고, [사이트 설정]은 게시의 권한을 보거나 재설정할 수 있습니다. 게시를 취소하기 전까지 상단의 파란색 배경과 메뉴는 계속 표시됩니다.

04 [데스크톱] 페이지 상단 파란 배경에 [사이트 설정]-[게시 취소]를 클릭합니다. [모바일앱] ⬆ 아
이 아이콘을 클릭하고 [게시 취소]를 터치합니다.

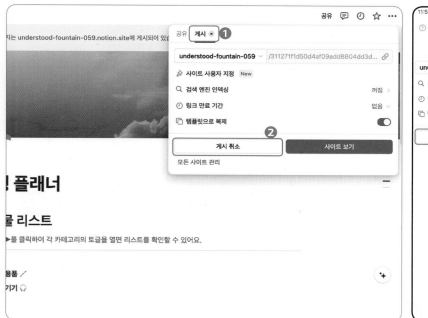
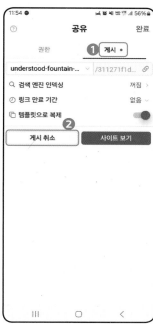

게시 후 권한 허용 범위

링크 만료	링크가 자동으로 만료되는 시간을 설정할 수 있고 옵션은 한 시간 뒤, 하루 뒤, 일주일 뒤, 날짜 선택 중 하나를 선택합니다. 플러스 요금제 사용자만 사용할 수 있습니다.
편집 허용	로그인한 노션 사용자라면 누구나 이 페이지에 접근하여 편집할 수 있습니다.
댓글 허용	로그인한 노션 사용자라면 누구나 이 페이지에 접근하여 페이지 상단이나 페이지에 댓글을 달 수 있습니다.
템플릿으로 복제 허용	노션에 가입한 사용자는 링크로 공유받은 페이지를 자신의 워크스페이스에 복제할 수 있습니다.
검색 엔진 인덱싱	검색 엔진의 웹사이트에서 검색 결과에 페이지를 표시할 수 있습니다.

Ⓝ | 사이트 게시 권한 설정 방법

'사이트 보기'는 링크를 공유받은 사용자에게 페이지가 어떻게 보이는지 미리 확인하는 기능입니다.

◆ 템플릿 복제 허용/비허용

01 데스크톱 / 모바일 앱 [공유]-[게시]-[게시]-[사이트 보기]를 클릭합니다.

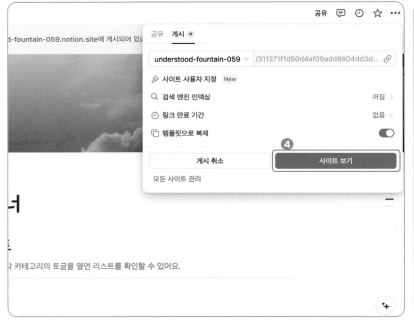

02 【데스크톱】 🗇 아이콘을 클릭합니다. 【모바일앱】 ≡ 아이콘을 터치 후 [복제]를 터치합니다.

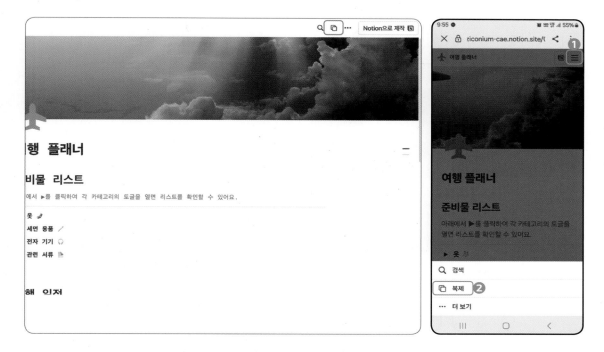

03 【데스크톱】 [개인 페이지에 추가] 화면이 나타납니다. 워크스페이스를 선택하고 [개인 페이지에 추가] 클릭하면 로딩 후 사이드바에 페이지가 추가됩니다.

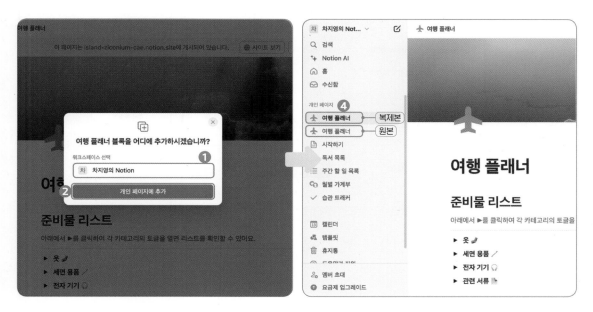

모바일앱 화면 하단에 ⋮ 아이콘이 있다면, 먼저 하단의 ⋮-[다른 브라우저로 열기]를 터치 후 페이지 상단의 ☰-[복제]를 터치 후 워크스페이스를 선택하면 페이지가 복제됩니다. 두번째 모바일 화면이 먼저 보인다면 페이지 상단의 ☰-[복제]를 터치 후 워크스페이스를 선택하면 페이지가 복제됩니다.

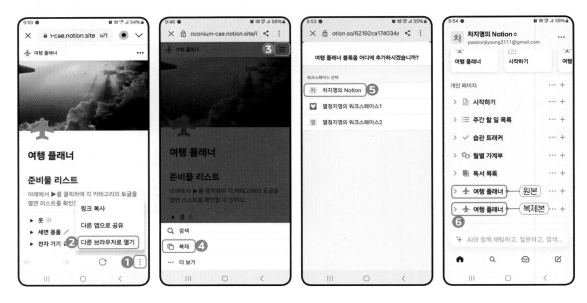

04 데스크톱 / 모바일앱 템플릿 복제 허용(페이지 복제)를 하지 않기 위해서 [게시]-[템플릿으로 복제]를 비활성화합니다. [사이트 보기]를 클릭합니다.

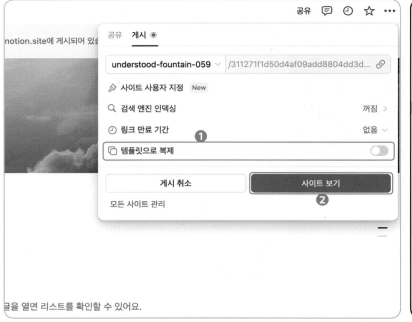

05 데스크톱 / 모바일 앱 게시된 페이지에 🗐 아이콘이 없는 화면을 확인합니다.

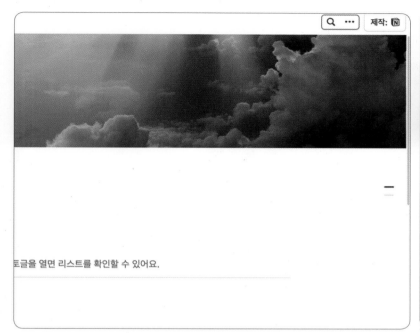 

열정 지영

게시 페이지 커스터마이징

[게시]-[사이트 사용자 지정]을 클릭하여 설정 메뉴 창이 나타나면 테마, 파비콘, 제목 Google 애널리틱스 등을 설정할 수 있습니다. 제목은 이동 경로, 검색, Notion 워터마크 등을 설정할 수 있으며 유료 요금제를 이용 시에만 커스터마이징이 가능합니다.

◆ 댓글 허용

01 [데스크톱] / [모바일 앱] [공유]-[공유]-[링크가 있는 모든 사용자]-[댓글 허용]을 클릭합니다.

02 [데스크톱] / [모바일 앱] [게시]-[사이트 보기]를 클릭하거나, 상단 파란색 부분 [사이트 보기]를 클릭합니다. 게시된 페이지에 💬 아이콘이 표시된 화면을 확인합니다.

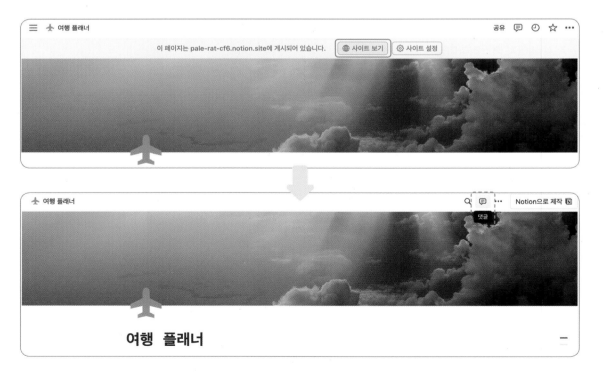

댓글 입력 방법

나의 계정의 💬 아이콘을 클릭할 때 화면과, 공유받은 링크를 클릭할 때 화면이 다릅니다. 공유받은 링크 댓글 작성은 제목 아래의 [댓글 추가]를 클릭하여 댓글을 작성하거나 ⠿ 블록 핸들을 클릭하여 [댓글] 클릭 후 댓글을 작성합니다.

모바일 앱 에서는 공유 받은 링크를 터치하면 로그인 페이지가 나타나고 페이지 하단의 ⠿ –[다른 브라우저로 열기]를 터치하면 댓글을 작성할 수 있는 페이지로 이동합니다. 모바일 앱 은 제목 아래 [댓글 추가]에 댓글을 작성할 수 있습니다.

◆ 댓글 허용 + 편집 허용

데스크톱 / 모바일 앱 [공유]-[공유]-[링크가 있는 모든 사용자]-[편집 허용]을 클릭합니다. [게시]-[사이트 보기]를 클릭하여 게시된 페이지에 💬과 ✎ 아이콘이 표시된 화면을 확인합니다.

◆ 댓글 허용 + 편집 허용 + 템플릿 복제 허용

데스크톱 / 모바일 앱 [공유]-[게시]-[템플릿으로 복제]를 활성화합니다.[사이트 보기]를 클릭하여 게시된 페이지에 📋 , 💬 , ✎ 아이콘이 표시된 화면을 확인합니다.

◆ 읽기만 허용

01 데스크톱 [공유]-[게시]-[템플릿으로 복제]를 비활성합니다.

02 데스크톱 [공유]-[공유]-[링크가 있는 모든 사용자]-[읽기 허용]을 클릭합니다.

03 데스크톱 페이지 상단의 [사이트 보기]를 클릭하면 게시된 페이지에 아이콘이 없는 화면을 확인합니다.

열정 지영

이력서, 포트폴리오, 채용 공고, 홈페이지 랜딩 페이지와 같은 페이지를 공유할 때 읽기만 허용하여 링크를 공유할 수 있습니다.

2-7 설정과 멤버

노션은 동기화가 잘 이루어지므로 기기에 상관없이 접속할 수 있습니다. 웹 브라우저나 데스크톱 앱, 모바일 앱이 제공되는 설정이 다르고 일부 기능은 데스크톱 앱만 제공됩니다. 이 책은 데스크톱 앱과 모바일 앱 기준으로 기능을 안내합니다. 사이드바의 설정과 멤버를 클릭하면 팝업 창이 나타나고, 메뉴는 계정과 워크스페이스로 나뉘어 있습니다. 계정 메뉴는 모든 워크스페이스에 적용되고, 메뉴는 각 워크스페이스 개별로 설정 및 적용이 됩니다. 노션 요금제가 워크스페이스별로 적용되므로 요금제와 관련된 모든 기능은 워크스페이스에서 설정과 관리할 수 있습니다.

열정 지영

사이드바에 [설정과 멤버] 메뉴가 안보이는 경우

사이드바 상단 워크스페이스 이름을 클릭하고 [설정]을 클릭하면 메뉴 창이 열립니다.

ⓝ | 계정 - 내 계정

◆ 내 프로필

사진과 선호하는 이름은 나를 초대하거나 협업을 할 때 표시되는 아이콘과 이름입니다. 페이지에 초대를 위한 내 노션 계정(이메일)을 검색하면 해당 이름과 아이콘으로 표시가 되고 페이지에서 작업중일때 내 아이콘의 움직임을 통해 나와 참여자의 편집 위치를 알 수 있습니다. 사진은 나의 프로필 사진처럼 표시가 되기에 용도에 맞는 사진으로 업로드하고 이름은 나를 식별할 수 있는 이름이나 닉네임, 업무 계정인 경우 회사명이나 부서로 입력합니다.

◆ 계정 보안 - 이메일

노션에 가입할 때 사용한 이메일로 회사나 교육 계정으로 노션 계정이 필요한 경우 새로 가입하지 않고 이메일 변경하여 이용하실 수 있습니다. 특히 학교(교육) 계정은 플러스 요금제 혜택을 무료로 사용이 가능하기에 해당하는 분은 이메일을 변경하여 사용 가능합니다.

◆ 계정 보안 - 2단계 인증

노션은 일부러 로그아웃을 하지 않는다면 로그인 상태로 유지됩니다. 개인 기기를 이용하더라도 노션은 다양한 자료를 기록할 수 있어 민감한 내용이나 개인 정보를 포함할 수 있기에 가능하다면 2단계 인증 설정을 권장합니다. 2단계 인증하는 방법은 2가지로, 구글 OTP와 같은 인증 앱이나 문자 메시지를 사용할 수 있습니다.

◆ 지원 - 모든 기기에서 로그아웃

공공장소나 다른 사람의 기기를 통해 노션을 로그인하는 상황이 발생한 경우, 로그아웃을 하지 않으면 로그인 상태가 유지되고 해당 기기를 통해 내 노션에 쉽게 접근할 수 있습니다. 이 메뉴를 이용 시 현재 접속 기기를 제외한 모든 기기가 로그아웃이 됩니다.

◆ 지원 - 내 계정 삭제

노션을 더 이상 사용하지 않을 계획이라면 계정 삭제를 통해 노션의 모든 기록을 제거할 수 있습니다. 계정 삭제를 하면 개인 워크스페이스와 공유 워크스페이스 모두 삭제되고, 내가 속한 워크스페이스에서의 모든 권한이 제거됩니다.

계정을 삭제하는 방법이 워낙 간편하기 때문에 실수로 삭제하지 않도록 주의합니다. 만약 실수로 삭제했다면 복원을 요청할 수 있습니다. 사이드바의 도움말과 지원을 클릭하여 메시지를 보내거나 team@makenotion.com으로 이메일을 보내 복원을 요청합니다.

N | 계정 – 내 설정

◆ 내 설정 - 테마(모바일 앱 설정 가능)

내 기기에서 노션 페이지 3가지 중 한 가지로 화면 상태 설정을 할 수 있습니다. 기본 설정은 시스템 설정 사용이고, 라이트 모드나 다크 모드 중 하나를 선택하여 설정할 수 있습니다.

◆ 내 설정 - 기본 페이지

노션을 시작하거나 다른 워크스페이스로 전환할 때 시작하는 페이지를 선택할 수 있습니다. 홈, 마지막 방문 페이지, 사이드바 최상위 페이지 Notion AI 옵션 중 선택할 수 있습니다.

◆ 내 설정 - 데스크톱에서 링크 열기

Mac 데스크톱 앱이나 Windows 데스크톱 앱이 설치가 되어 있는 경우, 웹 브라우저에서 노션을 로그인하거나 링크를 클릭하면 데스크톱에서 열립니다.

◆ 개인정보 보호 - 쿠키 설정

쿠키란 사용자의 방문 기록을 남기는 임시 파일로, 사용자의 이름과 비밀번호 등 작은 데이터 조각이 있는 텍스트 파일입니다. 노션에서 쿠키 설정 시 필수 항목과 3가지를 선택할 수 있습니다. 기능 쿠키, 애널리틱스, 마케팅 쿠키가 있습니다.

◆ 개인정보 보호 - 내 조회 기록 표시(모바일 앱 설정 가능)

편집 허용이나 전체 허용 권한이 있는 사용자가 페이지가 조회된 시간, 즉 방문한 시간을 확인할 수 있습니다. 조회 기록을 확인하는 방법은 조회 기록을 할 페이지 화면의 오른쪽 상단에서 시계 아이콘을 클릭합니다. 애널리틱스를 선택하면 그래프에서 총 조회수(모든 페이지 조회수)와 고유 조회수(1인당 조회수 1회)를 확인할 수 있습니다. 페이지 생성자, 최근 본 사람, 페이지 편집자, 최종 편집 일시 등의 정보도 볼 수 있습니다.

◆ 개인정보 보호 - 프로필 검색 가능 여부

공유 또는 초대할 경우, 나의 프로필 사진과 이름을 볼 수 있습니다. 페이지에서 함께 작업을 하는 경우, 나를 식별할 수 있는 기능입니다.

Ⓝ | 계정 - 내 알림

◆ 내 알림 - 모바일 푸시 알림(`모바일앱` 설정 가능)

모바일 앱이 설치가 되어 있는 사용자는 본인의 워크스페이스나 내가 초대된 워크스페이스에서 나를 멘션하거나 댓글을 작성이 되었을때 모바일 앱을 통해 알림을 받을 수 있습니다. 일정 관리 시 리마인더를 설정해 놓은 경우도 푸시 알림을 받을 수 있습니다.

◆ Slack 알림

노션과 슬랙(Slack)은 스타트업이나 팀프로젝트에서 함께 사용하는 도구로 노션의 페이지, 데이터베이스 속성 또는 댓글에서 나를 멘션하면 Slack 워크스페이스에서 알림을 받을 수 있습니다.

◆ 내 알림 - 데스크톱 푸시 알림(only `데스크톱` 설정 가능)

이 메뉴는 데스크톱 앱을 설치한 컴퓨터에서 데스크톱 앱의 설정과 멤버에서만 표시가 됩니다. 모바일 푸시 알림처럼, 사용자는 본인의 워크스페이스나 내가 초대된 워크스페이스에서 나를 멘션하거나, 댓글을 작성이 되었을때 일정 리마인더를 설정해 놓았을 경우 푸시 알림을 받을 수 있습니다

◆ 이메일 알림 - 내 워크스페이스의 활동(`모바일앱` 설정 가능)

이메일을 통해 댓글, 페이지 초대, 리마인더, 사용 권한 요청, 속성 변경이 있을 때 이메일로 알림을 받을 수 있습니다. 개인적인 목적보다 팀이나 회사에서 이용하는 경우는 받기를 추천합니다. 내 워크스페이스의 활동을 허용하면 항상 이메일 알림 전송이 표시되고, 알림 허용 여부를 선택할 수 있습니다.

◆ 이메일 알림 - 항상 이메일 알림 전송

노션을 사용중일 때 모든 활동을 이메일로 받는 기능으로, 많은 이메일을 받을 수 있으니 꺼 놓기를 추천합니다.

◆ 이메일 알림 - 이메일 요약(`모바일앱` 설정 가능)

공지 사항과 업데이트 이메일의 설정 관리를 통해 구독을 설정할 수 있습니다. 이 구독을 통해 노션의 업데이트나 뉴스 같은 새로운 소식을 이메일로 받아 보실 수 있습니다.

◆ 이메일 알림 – 공지사항 업데이트 이메일

[설정 관리]를 클릭하여 구독 설정 사이트로 이동 후 구독 설정을 하면 이메일로 노션 프로모션 및 제품 출시에 대한 최신 소식을 받아볼 수 있습니다.

N | 내 연결

슬랙(Slack), 구글 드라이브(Google Drive), 피그마(Figma) 등 노션에서 지원하는 다양한 플랫폼을 연결하고, 워크스페이스 작업을 자동화하여 다른 플랫폼의 서비스를 노션에서 이용할 수 있습니다.

N | 계정 – 언어와 지역

◆ 언어와 지역 - 언어

노션은 2020년 한국어를 지원해 주었고, 영어 포함 13개국 언어를 지원해 줍니다. 자신에게 익숙한 언어를 선택할 수 있고 노션의 블록, 데이터베이스 설정 등 메뉴를 선택한 언어로 표시해 줍니다. 가끔 한국어로 설정이 되어 있는데 영어로 표시되는 경우가 있습니다. 이런 경우 영어로 설정 후 다시 한국어로 설정합니다.

◆ 언어와 지역 - 한 주의 시작을 월요일로 설정하기(모바일앱 설정 가능)

노션의 데이터베이스 레이아웃 중 캘린더에서 요일의 시작을 선택할 수 있습니다. 선택하지 않을 경우 일요일부터 시작이 되고, 활성화하면 월요일부터 시작이 됩니다.

N | 워크스페이스

◆ 워크스페이스 설정 - 이름

나의 계정에서 생성한 워크스페이스의 이름을 설정할 수 있습니다. 워크스페이스 용도에 맞는 조직이나 회사 이름을 사용할 수 있고, 식별하기 편한 간단한 이름을 추천합니다.

◆ 워크스페이스 설정 - 아이콘

워크스페이스 용도와 어울리는 이미지를 업로드하거나 이모티콘을 선택할 수 있고, 워크스페이스 이름 앞에 표시됩니다.

◆ 공개 설정 - 콘텐츠 내보내기

노션 데이터는 항상 클라우드에 백업되지만, 필요에 따라 보관을 위해 내보내기할 수 있습니다. 업로드한 파일을 포함하여 모든 페이지를 PDF, HTML, Markdown & CSV 형식으로 내보내기할 수 있습니다. 내보내진 콘텐츠는 이메일을 통해 파일 다운로드 링크를 받을 수 있습니다. 링크는 7일 후에 만료되기에 7일 이내에 다운로드합니다.

◆ 애널리틱스

페이지 조회 정보를 저장하고 표시하는 기능으로 편집 허용 또는 전체 허용 권한을 가진 사용자는 페이지 조회수를 볼 수 있습니다. 업무적으로 팀스페이스에서 이용한다면 가장 활동이 많은 팀스페이스, 사용자, 편집자 등을 비롯한 워크스페이스의 콘텐츠 사용과 관련된 요약 정보가 표시됩니다.

◆ 위험 구역 - 워크스페이스 삭제

추가로 생성한 워크스페이스를 삭제할 수 있습니다. 삭제 시 신중하게 진행합니다.

Ⓝ | 워크스페이스 - 팀스페이스

팀스페이스를 설정하고 관리할 수 있습니다. 기본 팀스페이스 설정, 워크스페이스 소유자만 팀스페이스를 생성하도록 허용, 팀스페이스 관리 등을 할 수 있습니다. 팀스페이스 관리는 새 팀스페이스를 생성하거나 사용하지 않는 팀스페이스를 보관할 수 있습니다.

Ⓝ | 워크스페이스 - 사람

멤버, 게스트, 그룹 중에서 멤버와 그룹은 유료 요금제 사용자만 이용할 수 있습니다. 게스트 탭에서는 나의 워크스페이스에 초대한 모든 게스트를 확인할 수 있고, 해당 게스트별 사용 권한이 있는 초대된 페이지 개수와 페이지 제목이 표시됩니다. 초대한 페이지별 개별로 제거를 할 수 있고, 권한이 있는 모든 페이지에서 제거를 원한다면 ••• 아이콘을 클릭하여 워크스페이스에서 제거를 클릭합니다. 무료 요금제 사용자는 게스트가 10명이 초과하면 추가 초대가 어렵기에 플러스 요금제를 이용하거나, 게스트를 워크스페이스에서 제거하면 됩니다.

게스트 초대 시 실수로 멤버로 추가하는 경우 요금제 업그레이드 안내가 나타납니다. 이 경우 [설정과 멤버]-[사람]-[멤버]에서 추가된 멤버를 워크스페이스에서 제거합니다.

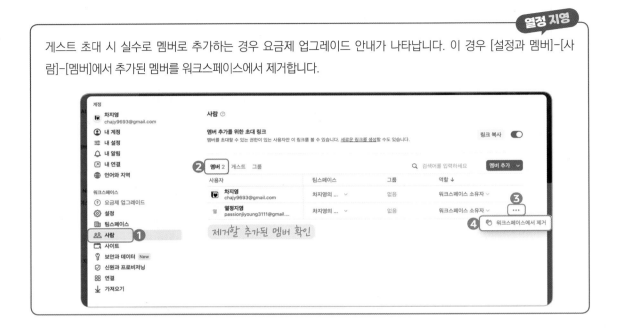

Ⓝ | 워크스페이스 - 사이트

게시된 모든 사이트의 페이지 이름, 도메인 주소, 게시자, 게시된 날짜 정보를 확인할 수 있습니다. 게시 후 따로 관리하지 않는다면 링크 주소가 있는 누구나 접근할 수 있기에 이곳에서 게시된 사이트를 관리할 수 있습니다.

방법은 ··· 아이콘 클릭 후 해당 사이트(페이지)에 방문하여 페이지를 확인 후 설정을 선택하면 팝업 창이 나타나고 게시 취소합니다.

CHAPTER 03

노션 블록

Notion은 무한한 블록이 들어 있는 상자입니다. Notion의 모든 페이지는 여러 개의 블록으로 구성됩니다.
Notion 페이지를 만들고 텍스트를 입력해 보셨다면 바로 텍스트 '블록'을 추가하신 거예요! Notion 페이지에는 텍스트 이외에도 다양한 콘텐츠를 추가할 수 있습니다.
텍스트, 이미지, 표 등 페이지에 추가하는 콘텐츠는 각각 하나의 블록입니다. Notion의 페이지는 사용자가 원하는 대로 쌓아 올린 블록으로 이뤄지는 것이죠.

출처: 노션 가이드

3-1 새 페이지 생성 방법

N | 새 페이지 생성

새 페이지(상위 페이지)는 개인 페이지 섹션 목록에 생성됩니다. 아이콘과 단축키를 이용하여 새 페이지를 만들 수 있습니다.

◆ **데스크톱 새 페이지 생성 방법**

방법 1 사이드바 워크스페이스 제목 오른쪽에 있는 ☑ 아이콘을 클릭합니다.

방법 2 사이드바 개인 페이지에 마우스 오버하면 나타나는 ＋ 아이콘을 클릭합니다.

방법 3 새 페이지 만들기 단축키 Ctrl + n (맥북: Cmd + n)을 누릅니다.

◆ **모바일 앱 새 페이지 생성 방법**

방법 1 페이지 하단 오른쪽에 있는 ☑ 아이콘을 터치합니다.

방법 2 페이지 오른쪽에 있는 ＋ 아이콘을 터치합니다.

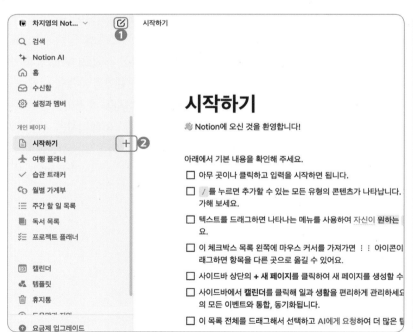

🄽 l 하위 페이지 추가

노션은 폴더 형태가 아닌 페이지(상위 페이지) 안에 하위 페이지를 생성하는 구조입니다. 하위 페이지는 이동이 자유로워 처음 생성한 위치에서 다른 위치로 변경이 가능합니다.

◆ 하위 페이지 추가 방법 1

데스크톱 하위 페이지를 추가할 상위 페이지에 마우스 오버하면 나타나는 ➕ 아이콘을 클릭합니다. 제목 없음 페이지가 팝업 창으로 나타나고 제목을 입력한 후 Esc 를 누릅니다. 모바일앱 하위 페이지를 추가할 상위 페이지 오른쪽에 위치한 ➕ 아이콘을 터치합니다. 제목 입력 후 [완료]를 터치합니다.

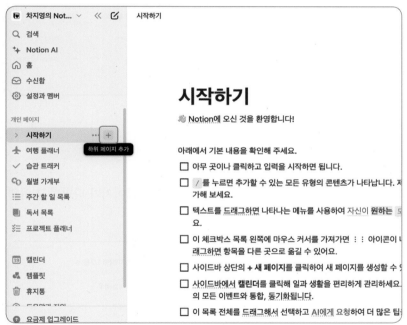

◆ 하위 페이지 추가 방법 2

데스크톱 하위 페이지를 만들 상위 페이지 클릭하고 편집기 화면에서 키보드로 "/"를 입력합니다. 나타나는 목록에서 [페이지]를 클릭합니다. 모바일앱 페이지 클릭하면 나타나는 툴바의 ➕ 아이콘을 터치합니다. 나타나는 목록에서 [페이지]를 터치합니다.

| 현재 페이지 위치 이동 경로 확인 방법

◆ **현재 페이지 위치 이동 경로 확인 방법 1**

[데스크톱] / [모바일앱] 사이드바 페이지 제목 앞의 `>` 아이콘을 클릭하면 하위 페이지가 나타나고 하위
페이지의 `>` 아이콘을 클릭하면 하위 페이지가 나타납니다.

◆ 현재 페이지 위치 이동 경로 확인 방법 2

데스크톱 페이지 상단에 순서대로 하위 페이지가 표시됩니다. 모바일 앱 페이지 상단에 상위 페이지를 터치하면 이동 경로 페이지가 나타나고 페이지를 터치하면 해당 하위 페이지가 표시됩니다. 다시 페이지 상단 제목을 터치하면 이동 경로 화면이 나타납니다.

Ⓝ | 아이콘 추가 방법

페이지를 만든 후 제목이나 페이지의 주제에 맞는 아이콘과 커버로 페이지를 꾸밀 수 있습니다. 아이콘은 이모지, 아이콘, 사용자 지정 3가지 방법으로 추가할 수 있습니다. 노션에서 제공되는 이모지나 아이콘을 활용하거나 웹사이트의 이미지 링크를 사용할 수 있습니다. 내가 소유한 이미지를 업로드할 때는 무료 요금제 이용 시 파일 용량 5MB 이하로 제한됩니다.

◆ 아이콘 추가 방법 1: 이모지

데스크톱 새로 추가한 페이지 제목을 클릭하면 제목 상단에 아이콘 추가, 커버 추가, 댓글 추가 옵션이 나타납니다. [아이콘 추가]를 클릭하고 나타난 검색창에 한글 또는 영어로 삽입하고자 하는 이모지를 검색 후 원하는 것을 선택합니다. 최근 사용한 항목은 상단에 표시됩니다. 이모지는 랜덤으로 이미지를 생성할 수 있습니다. 사람과 손 이모지는 6가지 피부색 중 선택이 가능하고, 선택 시 사람 이모지의 헤어 컬러도 같이 변경됩니다.

모바일앱 새로 추가한 페이지 제목을 아래로 드래그하면 제목 상단에 아이콘 추가, 커버 추가, 댓글 추가가 보입니다. [아이콘 추가]를 클릭하여 나타난 검색창에 한글 또는 영어로 삽입하고자 하는 이모지를 검색 후 원하는 것을 선택합니다.

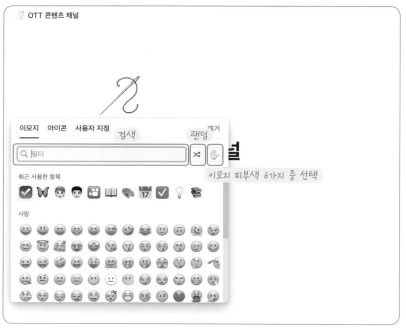

◆ 아이콘 추가 방법 2 : 아이콘

데스크톱 / 모바일앱 이미 삽입된 아이콘을 클릭하면 아이콘 팝업 창이 나타납니다. 이모지 삽입 방법과 동일하게 선택합니다.

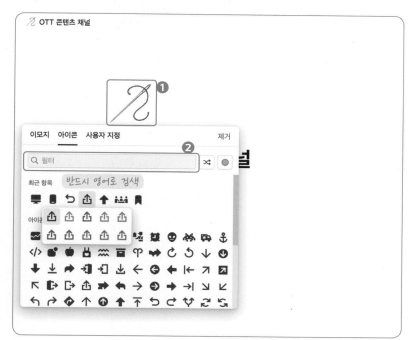 

◆ 아이콘 추가 방법 3 : 사용자 지정

사용자 지정 옵션은 웹 브라우저의 이미지 링크를 붙여넣기하거나 소유한 이미지를 업로드하여 아이콘을 추가합니다. 웹 브라우저의 이미지 링크를 사용했는데 이미지가 보이지 않는다면 노션에서 지원하지 않는 파일 형식입니다.

데스크톱

01 웹 브라우저에서 원하는 이미지를 검색한 후, 이미지 위에서 마우스 오른쪽 버튼을 눌러 나타난 메뉴에서 [이미지 링크 복사]를 클릭합니다.

02 페이지 제목 아이콘을 클릭해 팝업 창이 나타나면 [사용자 지정]을 클릭하고, 링크 주소를 붙여넣기 한 후 [제출]을 클릭합니다.

모바일 앱

01 이미지 검색 후 스마트폰 갤러리에 이미지를 다운로드합니다.

02 페이지 제목 아이콘을 터치하여 페이지 아이콘 페이지가 나타나면 [사용자 지정]-[파일 업로드]를 터치합니다.

03 작업 선택 메뉴가 나타나면 [미디어 선택 도구]를 터치하여 다운받은 사진을 선택하고, [제출]을 터치합니다.

파일 업로드 시 권장 규격은 280×280 픽셀이고, 무료 요금제 사용자는 파일 크기가 5MB 이하만 가능합니다.

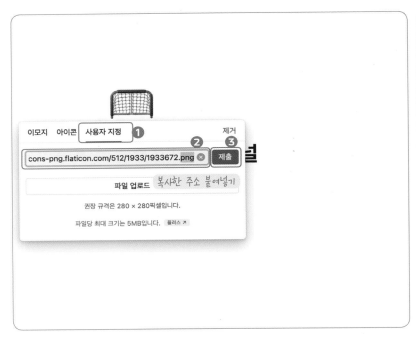

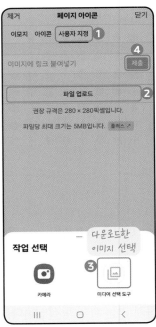

ⓝ | 커버 추가 및 변경

커버는 갤러리, 업로드, 링크, Unsplash 4가지 방법으로 추가할 수 있습니다. 페이지 제목이나 콘텐츠 주제에 맞는 커버를 추가할 수 있습니다. 커버 이미지가 커버 사이즈와 동일하지 않기에 위치 변경을 통해 이미지 위치를 선택합니다. Unsplash는 저작권 없는 이미지를 자유롭게 검색하여 사용합니다. 혼자 사용하는 페이지라면 상관없지만 외부에 공유하거나 상업적 목적의 템플릿에는 이미지 사용 시 저작권을 반드시 확인합니다.

◆ 커버 추가 방법: 갤러리

[데스크톱] / [모바일 앱] 페이지 제목에 마우스 오버하여 [커버 추가]를 클릭합니다.

커버가 랜덤으로 추가된 화면

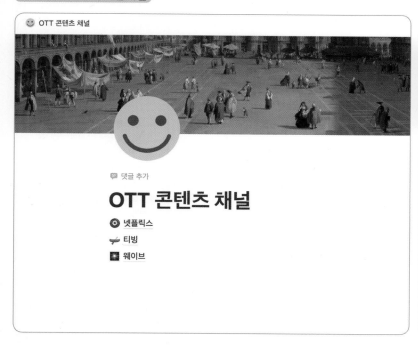 

◆ 커버 변경 방법: Unsplash

데스크톱 / 모바일 앱 커버 상단에 [커버 변경]을 클릭 후, [Unsplash] 목록에 원하는 이미지를 클릭합니다. [위치 변경]을 클릭하여 이미지 위치를 변경하고 [위치 저장]을 클릭합니다.

커버 위치 변경된 화면

3-2 기본 블록 사용 방법

노션 페이지에 마우스를 클릭하는 순간부터 블록(내용이 없는 빈 블록)이 생성됩니다. 페이지에서 원하는대로 블록을 사용하는 방법으로 3가지 편집 툴이 있습니다.

+ 아이콘	새 라인에 마우스 오버할 때마다 왼쪽 여백에 표시됩니다. 클릭하면 페이지에 추가할 수 있는 콘텐츠 유형 옵션이 표시됩니다.
:: 아이콘	블록 핸들이라고도 합니다. 새 라인 또는 콘텐츠 블록에 마우스 오버할 때마다 왼쪽 여백에 나타납니다. 클릭하면 블록에서 수행할 수 있는 작업 메뉴가 열립니다.
/ 명령	빠르고 쉽게 페이지에 콘텐츠를 추가하거나, 콘텐츠 편집 옵션을 사용할 수 있습니다. + 아이콘과 :: 블록 핸들 아이콘 메뉴에 있는 기능들을 단축키로 사용하는 방법이라고 생각하면 됩니다.

N | 텍스트 블록

텍스트를 입력할 때 사용하는 블록입니다. 데스크톱 "/"를 입력 후, 목록에서 [텍스트]를 클릭합니다. 모바일 앱 툴바의 + 아이콘을 클릭 후, 목록에서 [텍스트]를 터치합니다.

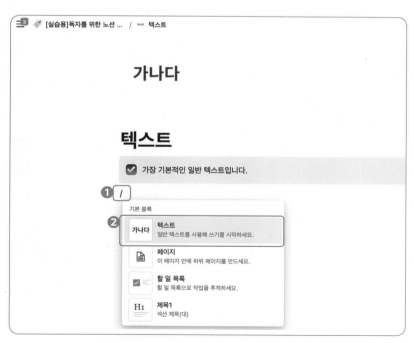

노션 초보자는 페이지 레이아웃을 구성할 때 어떤 블록을 써야 할지 고민할 수 있습니다. 이 경우 작성할 내용을 텍스트로 입력하고 블록 전환 메뉴를 사용하여 다른 블록으로 변경할 수 있으므로, 부담 없이 텍스트 블록으로 먼저 입력하기를 추천합니다.

◆ **텍스트 스타일링**

텍스트 스타일링 기능은 강조하고 싶은 부분을 명확히 하여 사용자가 문서를 더 읽기 쉽고, 시각적이고 가독성 있게 만들 수 있는 기능입니다.

데스크톱 / **모바일 앱** 편집할 텍스트 범위를 마우스로 드래그(스와이프)하면 텍스트를 스타일링할 수 있는 메뉴가 나타납니다.

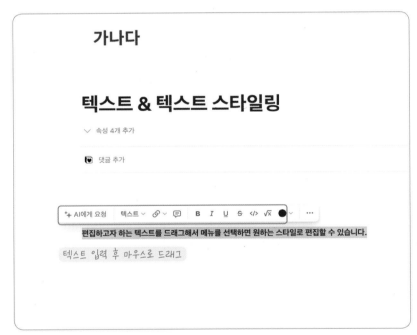

스와이프(Swipe)

터치스크린에 손가락을 댄 상태로 화면을 좌우로 움직이는 기능(스크롤)

텍스트 툴바 메뉴

AI에게 요청	유료 기능으로 글 업그레이드, 어조 변경, 요약, 번역 등을 합니다.
전환(텍스트)	선택한 블록의 종류가 표시되고 다른 블록으로 전환합니다. 부분을 선택하였더라도 블록 전체가 전환됩니다.
🔗	선택한 부분의 텍스트에 워크스페이스의 페이지나 웹사이트 하이퍼링크를 연결합니다.
💬	댓글 기능으로 문서 내에서 효과적으로 소통할 수 있도록 돕는 중요한 도구입니다. 특정 텍스트나 블록에 대해 의견을 나누고 실시간으로 문서를 개선하고 논의할 수 있는 기능입니다.
모바일	편집할 텍스트 범위를 손가락으로 길게 터치하여 편집할 텍스트 범위를 선택하면 툴바가 나타나고, 그중 필요한 기능을 선택합니다.

이모지 스타일링

콘텐츠를 입력할 때 이모지를 함께 사용할 수 있고, 노션을 더 예쁘게 꾸미는 용도로 많이 활용합니다. 모바일 앱은 이 기능은 지원하지 않고, 모바일 키패드에 있는 이모지를 사용합니다.

방법 1 "/이모지"를 입력하면 이모지 팝업 창이 나타나고 검색어를 입력하거나, 마우스로 스크롤하여 선택합니다.

방법 2 단축키 ":(콜론) + 이모지 키워드"를 입력합니다.

예 원 모양의 이모지를 찾는다면 ":원" 또는 ":circle"을 입력합니다.

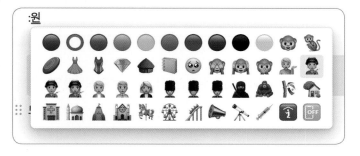

N | 할 일 목록 블록

해야할 일 작성 시 체크박스 형식으로 사용하는 블록입니다. [데스크톱] "/"를 입력 후, 목록에서 [할 일 목록]을 클릭합니다. [모바일앱] 툴바의 + 아이콘을 클릭 후, 목록에서 [할 일 목록]을 터치합니다.

노션 단축키

데스크톱과 모바일 앱은 단축키를 사용해 블록을 빠르게 삽입할 수 있습니다. 데스크톱과 모바일 앱은 키보드와 키패드 상황에 따라서 지원되는 단축키가 다를 수 있습니다.

N | 글머리 기호 목록 블록

순번(순서) 없는 내용 작성 시 사용하는 블록입니다. [데스크톱] "/"를 입력 후, 목록에서 [글머리 기호 목록]을 클릭합니다. [모바일앱] 툴바의 + 아이콘을 클릭 후, 목록에서 [글머리 기호 목록]을 터치합니다.

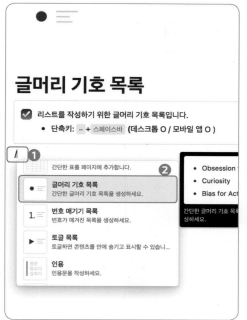

N | 번호 매기기 목록 블록

순번(순서) 있는 내용 작성 시 사용하는 블록입니다. 데스크톱 "/"를 입력 후, 목록에서 [번호 매기기 목록]을 클릭합니다. 모바일 앱 툴바의 + 아이콘을 클릭 후, 목록에서 [번호 매기기 목록]을 터치합니다.

번호 순서는 첫 숫자부터 가능하여 번호 사이에 다른 블록을 입력하는 경우, 단축키를 이용하여 시작할 번호부터 입력합니다. 예를 들어 번호 순번을 4부터 시작하고 싶다면 4 + . + Space bar 를 입력하면 다음 블록은 5.이 생성됩니다.

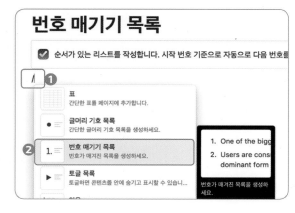

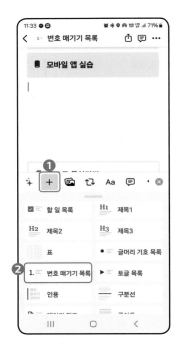

Ⓝ | 들여쓰기 / 내어쓰기

노션의 들여쓰기와 내어쓰기는 입력한 정보의 하위 계층 구조를 입력할 때 사용하고, 같은 레벨의 내용과 하위 레벨의 내용을 구분할 수 있어 정보를 한눈에 쉽게 이해할 수 있습니다.

[데스크톱] 텍스트 입력 후 들여쓰기는 Tab , 내어쓰기는 Shift + Tab 을 누릅니다. [모바일앱] 들여쓰기 또는 내여쓰기를 하고자 하는 단어에 커서를 위치하고, 툴바에서 ▶☰(들여쓰기), ☰◀(내어쓰기)를 터치합니다.

[예] 과일, 채소, 사과, 양파를 구분해 입력하기

과일의 하위 목록은 사과, 채소 하위 목록은 양파입니다.

"과일" 입력 후 Enter → 들여쓰기(Tab) → "사과" 입력 후 Enter → 내어쓰기(Shift + Tab) → "채소" 입력 후 Enter → 들여쓰기(Tab) → "양파" 입력 후 Enter

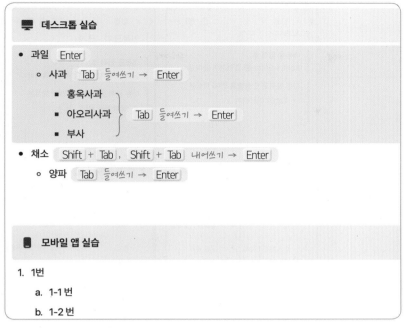

> 글머리 기호 목록과 번호 매기기 목록을 들여쓰기하는 경우 부호와 순번 형식이 달라집니다.
> 글머리 기호 목록은 채원진 원형(●) → 빈 원형(○) → 채워진 사각형(■) 순으로 들여쓰기 부호가 생성되고, 번호 매기기 목록은 숫자 → 소문자 알파벳 → 로마 숫자 순으로 부호가 생성되고 4번째 부호는 첫 부호부터 시작됩니다.

🇳 ㅣ 인용 블록

인용 블록은 중요한 문장이나 구절을 강조하거나 인용할 때 사용합니다.

데스크톱 인용 블록을 유지하면서 줄바꿈 할 때 Shift + Enter 누른 후 글을 작성합니다. 인용 블록 안에 다른 블록을 함께 작성하려면 Enter 후 Tab 를 누르고, / 명령어로 원하는 블록을 추가합니다. **모바일 앱** 줄바꿈(Shift + Enter) 기능은 제공하지 않으므로, 인용 블록 안에 원하는 곳을 터치하고 + 아이콘을 터치해 블록을 추가합니다.

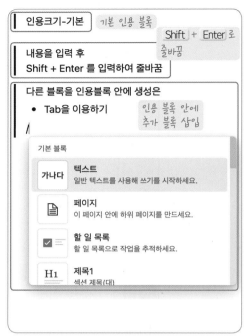

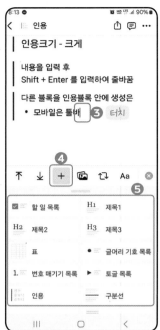

◆ 인용 텍스트 크기

　새로운 인용 블록 생성 시 마지막으로 선택한 크기가 적용됩니다. 데스크톱 ⋮⋮ 블록 핸들 아이콘 메뉴에서 [인용 크기]를 클릭합니다. 모바일 앱 툴바의 ⋯ 아이콘 메뉴에서 [인용 크기]를 터치합니다.

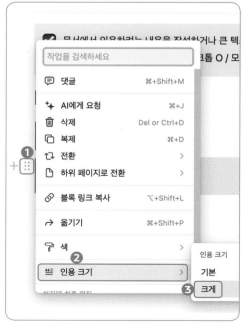

N | 구분선 블록

구분선은 블록과 블록 사이에 사용하는 회색 실선입니다. 섹션을 구분할 때, 내용을 강조할 때, 긴 내용을 작성 시 주제 전환할 때 구분선을 사용합니다.

데스크톱 "/"를 입력 후, 목록에서 [구분선]을 클릭하거나, 키보드로 **–** (마이너스 부호)를 3번 연속 입력합니다.

모바일 앱 툴바의 **+** 아이콘을 클릭 후, 목록에서 [구분선]을 터치하거나, 키패드에서 **–** (마이너스 부호)를 3번 연속 입력합니다.

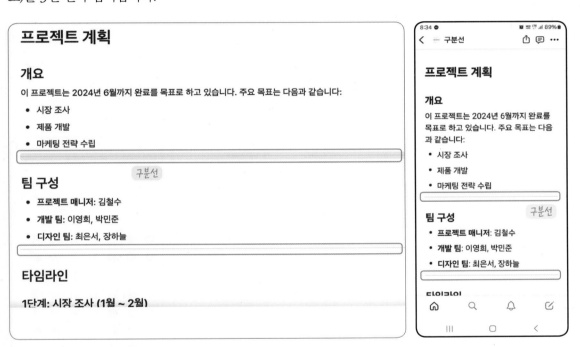

Ⓝ | 콜아웃 블록

콜아웃 블록은 콘텐츠를 강조하고 중요한 정보를 시각적으로 표시할 수 있습니다. 주요 메시지, 주의 사항, 공지, 팁 알림 등을 작성하는 데 적합합니다. 콜아웃을 시각적 강조할 수 있는 방법으로 이모지(아이콘)와 배경색 변경이 있습니다.

이모지(아이콘)는 내용에 어울리는 모양을 선택하거나 제거할 수 있고, 배경색은 투명한 배경을 포함하여 10가지 색상이 제공됩니다.

콜아웃 텍스트는 기본 색상으로 표시됩니다. 새로운 콜아웃 블록을 생성할 때는 마지막으로 사용한 이모지(아이콘)와 배경색이 적용됩니다.

◆ 콜아웃 이모지 변경

[데스크톱] "/콜아웃" 입력 후, 목록에서 [콜아웃]을 클릭하여 원하는 이모지로 변경합니다.

[모바일앱] 툴바의 ➕ 아이콘을 클릭 후, 목록에서 [콜아웃]을 터치하여 원하는 이모지로 변경합니다.

◆ 콜아웃 배경 변경

[데스크톱] ⠿ 블록 핸들 아이콘을 클릭 후, 목록에서 [색]을 클릭하여 원하는 배경 색을 선택합니다.

[모바일앱] 툴바의 ••• 아이콘을 클릭 후, 목록에서 [색]을 터치하여 배경 색상을 선택합니다.

제거된 이모지(아이콘) 복구 방법

콜아웃에 이모지를 복구하려면 ⠿ 블록 핸들 아이콘 메뉴에서 [아이콘]을 클릭하고 추가할 이모지(아이콘)을 선택합니다.

🔲 | 토글 목록 블록

토글은 ▶ 부호를 클릭하여 내용을 표시하거나 숨길 수 있습니다. 토글이 비어 있는 경우는 ▶ 연한 회색으로 표시되고 내용이 있는 경우는 ▶ 검은색으로 표시됩니다. 토글 안에 토글을 블록으로 삽입할 수 있으며, 토글 기능을 이용하여 내용을 필요한 때만 열어서 볼 수 있습니다.

데스크톱 / **모바일 앱** 단축키 > + Space bar 를 눌러 토글을 삽입할 수 있습니다.

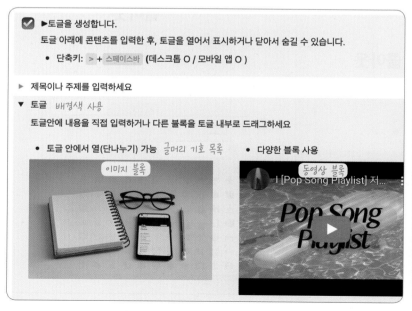

N | 제목1, 제목2, 제목3 블록

노션은 제목1, 제목2, 제목3 블록으로 글꼴 크기를 선택합니다. 텍스트 블록을 포함하여 총 4가지 글꼴 크기로 입력 가능합니다. 제목1 블록이 가장 크고, 텍스트 블록이 가장 작은 글꼴 크기입니다.

데스크톱 "/" 입력 후, 목록에서 원하는 제목을 선택하거나, 단축키를 누릅니다. 모바일앱 툴바의 + 아이콘 클릭 후, 목록에서 원하는 크기의 제목을 선택합니다.

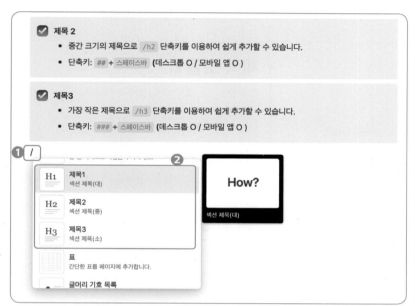

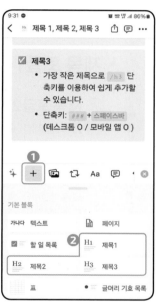

열정 지영

제목1, 제목2, 제목3 블록 간의 열 간격이 동일하지 않기에 자신만의 규칙을 정하여 이용합니다.

제목1

제목2

제목3

빠른 실행을 위한 단축키

- 제목1: # + Space bar 또는 /h1 또는 /제목1
- 제목2: ## + Space bar 또는 /h2 또는 /제목2
- 제목3: ### + Space bar 또는 /h3 또는 /제목3

N | 제목 토글1, 제목 토글2, 제목 토글3 블록

 제목1, 제목2, 제목3과 토글의 기능이 합쳐진 블록입니다. 목차를 작성할 때 사용할 수 있고 다양한 블록과 많은 내용을 토글 안에 입력하면 전체 목차를 한눈에 파악하기 좋습니다.

 사용 시 주의할 점은 제목 토글 생성 시 하단에 내용이 입력되어 있는 경우 토글 안에 내용을 담아버릴 수 있습니다. 이때 제목 토글을 생성하기 전에 구분선 블록을 넣어 내용을 분리하면 토글 안에 내용이 들어가지 않습니다.

단축키는 제목 블록 단축키 + 토글 단축키를 연속해서 사용합니다.
- 제목 토글1: # + Space bar → > + Space bar
- 제목 토글2: ## + Space bar → > + Space bar
- 제목 토글3: ### + Space bar → > + Space bar

🅝 | 표 블록

행과 열이 있는 표 형식의 간단한 내용을 입력할 때 사용합니다. 기본값으로 2×3칸으로 생성되고, 표의 오른쪽이나 하단의 마우스 커서를 오버하여 ➕ 아이콘을 클릭해 열과 행을 추가합니다. 표의 행과 열 너비는 ↔ 아이콘을 클릭하여 맞출 수 있습니다.

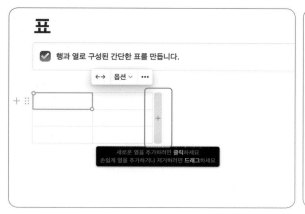

옵션 메뉴에서 행 제목과 열 제목 토글을 켜면 1행과 1열에 배경색이 생겨 시각적으로 구분할 수 있고, 행과 열 경계선의 ⁝⁝ 블록 핸들 아이콘을 클릭하면 글자색 또는 배경색을 바꿀 수 있습니다.

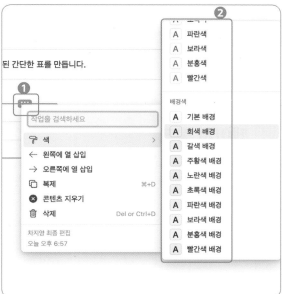

N | 페이지 링크 블록

01 워크스페이스 내의 모든 페이지를 멘션할 수 있고 해당 페이지로 빠르게 이동할 수 있습니다.
데스크톱 "/" 입력 후, 목록에서 [페이지 링크]를 클릭합니다. **모바일앱** 툴바의 **+** 아이콘을
클릭 후, 목록에서 [페이지 링크]를 터치합니다.

02 **데스크톱** / **모바일앱** 워크페이스의 페이지 제목을 목록에서 선택합니다.

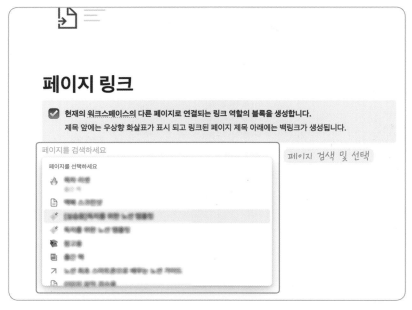

03 데스크톱 / 모바일앱 페이지 제목에 ↗ 아이콘으로 페이지 멘션을 확인합니다.

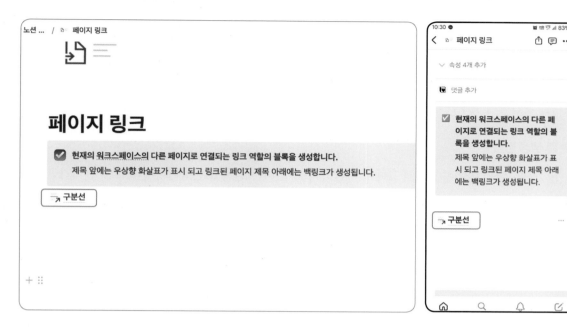

04 데스크톱 / 모바일앱 멘션한 페이지에 방문하면 제목 아래에 ↙ (백링크)가 생성되고, 백링크를 클릭하면 멘션한 모든 페이지가 표시되고 클릭하여 이동합니다. 만약 해당 페이지가 여러 곳에 멘션되어 있는 경우, 백링크에 멘션되어 있는 모든 페이지가 표시됩니다.

N | 열(단 나누기)

열 기능은 페이지 내에서 콘텐츠를 여러 열로 나눠서 배치할 수 있는 기능입니다. 이 기능은 정보를 더 구조적으로 정리하고, 시각적으로 매력적이고 깔끔하게 보여줄 수 있습니다. 열과 열 사이에 마우스 오버를 하면 세로 회색 실선이 보이고, 이 실선을 좌우로 이동하여 간격을 조정할 수 있습니다. 반대로 간격을 균일하게 맞추는 방법은 세로 회색 실선을 더블 클릭하면 균일한 간격으로 정렬됩니다.

◆ **열 생성 방법 1**

∷ 블록 핸들 아이콘을 드래그하여 나란히 두고자 하는 블록 오른쪽이나 왼쪽으로 끌어가면 세로 파란 실선이 표시되고, 해당 위치에 블록을 드롭합니다.

◆ **열 생성 방법 2**

"/"를 입력 후, 목록에서 원하는 열을 선택합니다. 빈 블록으로 나눠진 열에 내용을 입력하고 블록을 드래그하여 위치를 이동합니다.

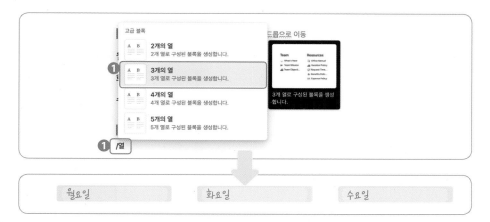

◆ **열 생성 방법 3**

열을 변경할 블록을 드래그하여 선택 후, ⠿ 블록 핸들 아이콘을 메뉴에서 [전환]-[열]을 클릭합니다.

3-3 실전 연습 따라하기

N | 대시보드 만들기

그림을 그릴 때도 밑그림을 먼저 그리듯이 노션에 기록하기 위해서 나만의 대시보드 목록을 먼저 작성합니다.

데스크톱 최종화면

모바일앱 최종화면

01 데스크톱 / 모바일 앱 사이드바의 [새 페이지 만들기]를 클릭하여 페이지를 생성 후, 페이지 제목을 입력하고 아이콘과 커버를 선택합니다(데스크톱과 모바일 환경은 아이콘이 다를 수 있습니다).

02 데스크톱 / 모바일 앱 대시보드 페이지를 분류할 수 있는 목차를 작성합니다(실습을 위한 페이지 예시로 작성한 것이므로 여러분은 현재와 미래를 위한 자신과 관련된 목차로 작성해도 됩니다).

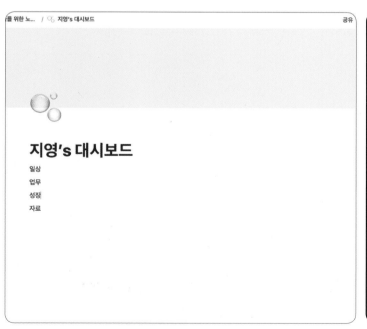

03 [데스크톱] 여러 개의 블록을 드래그하여 전체를 선택하고, ⠿ 블록 핸들 아이콘을 클릭 후 [전환]-[제목2]를 클릭합니다. [모바일 앱] 여러 개의 블록이 동시 선택되지 않기에 각각 터치하여 전환합니다.

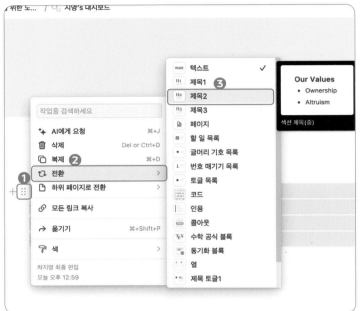
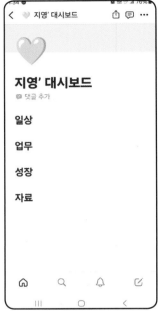

04 일상과 업무를 2개의 열로 전환하기 위해 드래그하여 선택하고 ⠿ 블록 핸들 아이콘 메뉴를 클릭후, [전환]-[열]을 클릭합니다. 성장과 자료도 같은 방법으로 전환합니다.

실전 연습 따라하기

열정 지영

키보드 단축키 사용 방법

단이 나눠지거나 전체 페이지를 사용하는 경우, 원치 않는 다른 블록이 함께 선택되는 불편함이 있습니다. 다음 순서대로 단축키를 사용하여 전환하면 쉽게 전환이 가능합니다.

① 선택할 1번째 블록 내용 끝에 마우스 커서를 두고 Esc 를 누르기

② Shift 를 누른 상태에서 방향키 ↓ 를 눌러 편집할 블록을 선택하기

③ 윈도우는 Ctrl + / , 맥북은 Cmd + / 누르기

④ 팝업 창이 나타나면 검색창에 전환할 블록 이름(예 제목2)을 입력 후 Enter 누르기

05 4개의 제목2 블록 배경색을 변경합니다. 배경색은 ⠿ 블록 핸들 아이콘을 클릭해 나타난 메뉴에서 변경할 수 있고 텍스트 색 10개, 배경색 10개 중 선택할 수 있습니다.

데스크톱 ⠿ 블록 핸들 아이콘을 클릭하고 [색]-[노란색 배경]을 클릭합니다. 모바일앱 방법1: 블록 제목 끝에 커서를 두고 툴바에서 ••• 아이콘을 터치한 후, 데스크톱 과 같은 방법으로 배경색을 변경합니다.

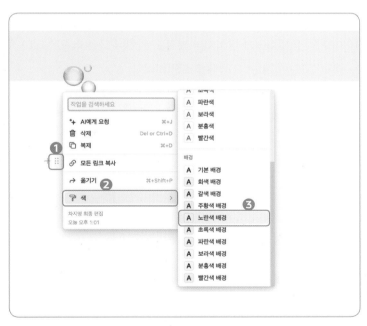

`모바일 앱` 방법2: 제목 끝에 커서를 두고 툴바에서 $Aa - A$ 아이콘을 터치 후, 원하는 (텍스트) 색과 배경색 중 선택합니다.

06 열을 어떻게 나누는지에 따라 `모바일 앱` 에서 보여지는 블록의 위치는 다를 수 있습니다. `데스크톱` 페이지에서 단을 나누는 경우, `모바일 앱` 보기 상태를 확인합니다.

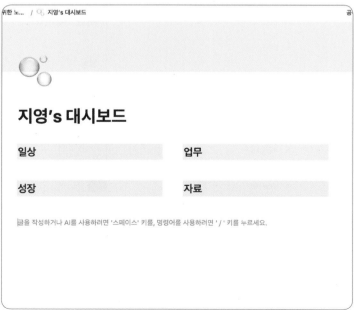 

07 데스크톱 / 모바일 앱 목차 아래에 구분선을 입력하기 전 열을 이용한 경우는 반드시 블록의 내용 끝에 커서를 위치하고 Enter 를 누른 후 내용을 입력합니다.

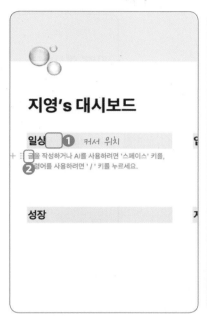

08 데스크톱 "/구분선"을 입력하거나 단축키 − (마이너스 부호) 연속 3개를 입력합니다. 모바일 앱 툴바의 + 아이콘을 터치 후 목록에서 [구분선]을 선택하거나, 키패드 − (마이너스 부호) 연속 3개를 입력합니다.

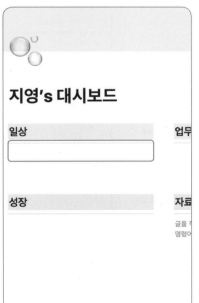

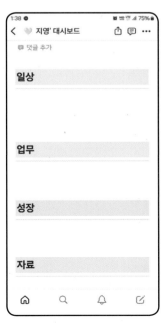

09 〔데스크톱〕/〔모바일 앱〕 목차에 맞는 기록하고 싶은 주제들을 텍스트로 작성합니다(한 번에 작성하지 않으셔도 됩니다. 생각날 때마다 추가해도 됩니다).

10 작성한 주제들을 페이지로 전환합니다. 〔데스크톱〕은 한 번에 페이지로 전환하고, 〔모바일 앱〕은 툴바의 전환을 터치하여 페이지 블록 각각 1개씩 전환합니다.

11 [데스크톱] / [모바일 앱] 페이지로 전환된 것을 확인합니다.

12 [데스크톱] 페이지의 아이콘을 변경하기 위해 선택한 블록 중 1개의 ⠿ 블록 핸들 아이콘을 메뉴에서 [아이콘]을 클릭하여 변경합니다. [모바일 앱] 페이지 1개씩 각각 개별로 변경합니다.

13 데스크톱 / 모바일 앱 1개씩 아이콘을 변경하는 경우 사용자 지정에서 이미지를 업로드 하거나 웹페이지 이미지 주소를 입력하여 추가합니다. 데스크톱 에서는 여러 개 블록을 동시에 선택할 경우, 사용자 지정 메뉴가 보이지 않습니다.

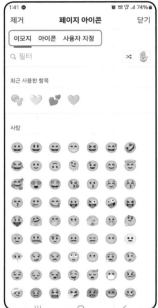

14 데스크톱 / 모바일 앱 대시보드가 완성되었습니다.

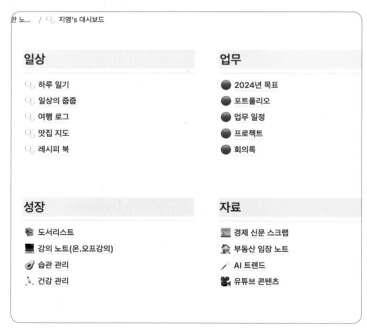

3-4 임베드 & 미디어

노션은 페이지에 다양한 형태의 멀티미디어 콘텐츠를 삽입할 수 있습니다. 임베드 블록은 유튜브 동영상, 구글 지도, 구글 드라이브 문서, 구글 설문지, 틱톡 비디오, 인스타그램 포스트, HTML 파일, PDF 파일 등 다양한 형식의 파일을 삽입할 수 있습니다. 특히 웹페이지로 이동하지 않고 노션 페이지 내에서 삽입한 콘텐츠를 직접 볼 수 장점이 있습니다. 미디어 블록은 이미지, 오디오, 비디오, 파일 등 여러 형식의 콘텐츠를 삽입하여 텍스트 위주의 페이지를 시각적, 청각적으로 구성할 수 있습니다.

N | 임베드 블록

01 [데스크톱] "/임베드"를 입력 후, 목록에서 [임베드]를 클릭합니다. [모바일 앱] 툴바의 ➕ 아이콘을 클릭 후, 목록에서 [임베드]를 터치합니다.

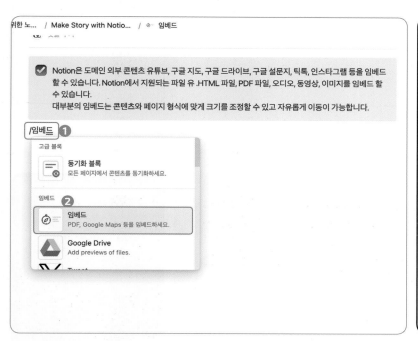

02 데스크톱 / 모바일 앱 링크 임베드는 웹 브라우저의 링크를 통해 임베드하고, 업로드는 저장되어 있는 파일과 동영상 등을 업로드합니다.

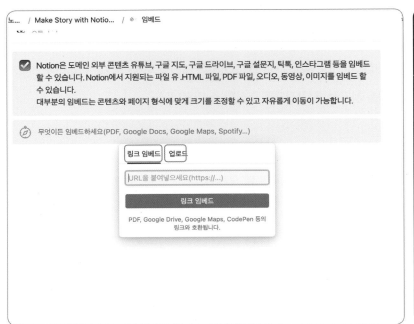

03 데스크톱 / 모바일 앱 링크 임베드를 하기 위해 유튜브 영상에서 링크를 복사합니다.

04 데스크톱 / 모바일앱 유튜브 영상 링크를 붙여넣고 [링크 임베드]를 클릭합니다.

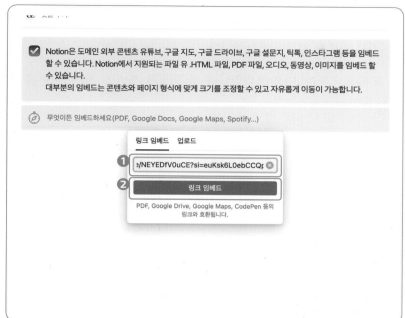

05 데스크톱 파일에 마우스 오버하면 세로 모서리에 표시되는 회색 선을 움직여 크기를 조절합니다. 데스크톱 / 모바일앱 임베드한 영상 오른쪽 상단의 ··· 아이콘을 클릭하여 편집합니다.

📘 | 이미지 블록

노션 페이지에 이미지 삽입이 가능하고 이미지는 업로드, 링크 임베드, Unsplash, GIPHT 4가지 방법으로 삽입합니다. 업로드한 이미지는 자르기 편집이 가능합니다.

01 　데스크톱　 "/"를 입력 후, 목록에서 [이미지]를 클릭합니다. 　모바일앱　 툴바의 ➕ 아이콘을 클릭 후, 목록에서 [이미지]를 터치합니다.

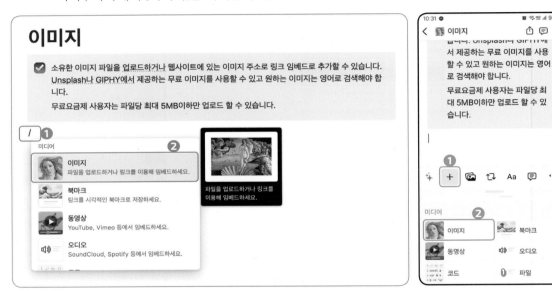

02 　데스크톱　/　모바일앱　 업로드는 내 기기에 저장된 이미지를 가져올 수 있고, 무료 요금제 사용자는 파일당 최대 크기 5MB 이하만 업로드 가능합니다.

03 [데스크톱] / [모바일 앱] 링크 임베드는 웹에 있는 모든 이미지를 가져올 수 있습니다. 만약 이미지가 임베드되지 않는다면 노션에서 제공되지 않는 이미지 주소일 수 있으므로 이미지 파일의 확장자가 PNG 또는 JPG 형식인지 확인합니다.

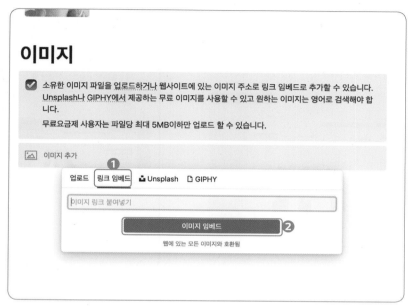

04 [데스크톱] / [모바일 앱] Unsplash는 무료 이미지 사이트로, 검색되는 이미지는 저작권이 없어 자유롭게 사용하실 수 있습니다. 검색은 영어만 가능합니다.

05 Unsplash에서 가져온 이미지를 편집하기 위해 [데스크톱]은 ··· 아이콘이나 ⠿ 블록 핸들 아이콘을 클릭하고, [모바일앱]은 ··· 아이콘을 터치합니다.

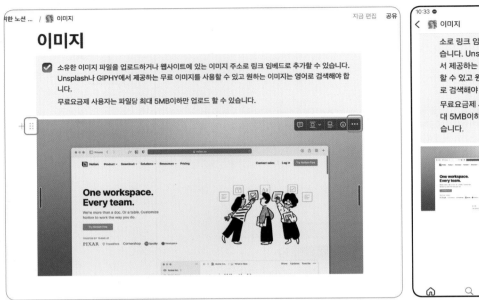

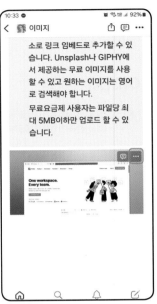

06 [데스크톱]과 [모바일앱]에서 몇 가지 다른 편집 메뉴가 있습니다. [데스크톱] [원본 링크 복사]는 임베드한 이미지는 지원이 되고 업로드한 이미지는 지원되지 않는 메뉴입니다. [모바일앱] [아래에 삽입]은 블록과 블록 사이에 빈 블록을 만들 수 있는 기능입니다.

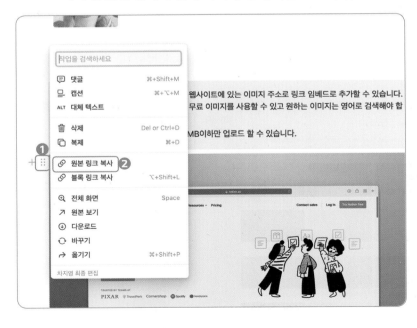

07 데스크톱 이미지를 업로드 또는 임베드하면 기본으로 가운데 정렬됩니다. 맞춤 메뉴를 사용해 왼쪽 정렬이나 오른쪽 정렬할 수 있습니다.

08 데스크톱 / 모바일앱 삽입한 이미지에 캡션을 입력하기 위해 이미지에 마우스 오버하여 나타난 ••• 아이콘을 클릭 후, [캡션]을 클릭하여 내용을 입력합니다.

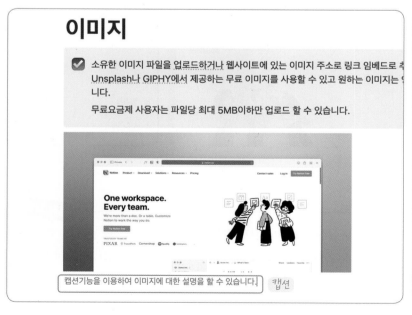

캡션 내의 줄바꿈은 Shift + Enter 를 사용합니다. 캡션은 텍스트 편집 메뉴를 이용하여 편집이 가능합니다.

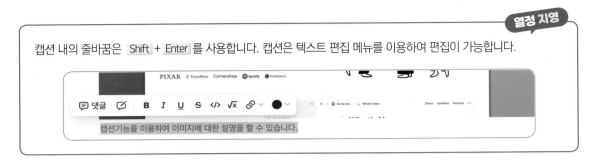

09 데스크톱 / 모바일앱 이미지에 대체 텍스트를 작성합니다. 캡션과 다른 점은 시력이 문제가 있거나 시각 장애가 있는 사람들이 페이지나 이미지를 더욱 쉽게 이용할 수 있도록 하는 기능입니다.

노션의 모든 콘텐츠는 블록으로 구성되어 있어 실수로 블록의 위치가 변경될 수 있습니다. 변경 직후 발견하는 경우 실행 취소(Ctrl + Z)로 원 위치시킬 수 있으나 페이지를 빠져 나가거나, 시간이 지나면 복구가 힘듭니다. 이런 실수를 방지하기 위해 첨부 이미지나 파일에 대한 설명을 캡션이나 대체 텍스트를 이용하여 작성하는 것이 좋습니다.

캡션과 대체 텍스트 차이점

캡션은 이미지에 대한 추가적인 정보를 제공하고, 이미지를 설명하거나 보충하는 문구입니다. 캡션은 이미지 하단에 위치합니다. 대체 텍스트는 이미지에 마우스 오버하면 작성한 내용을 확인할 수 있고 모바일 앱 에서는 직접 터치해 내용을 확인할 수 있습니다. 대체 텍스트 삭제는 작성한 내용을 지우면 바로 삭제됩니다.

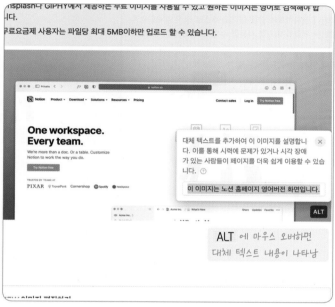

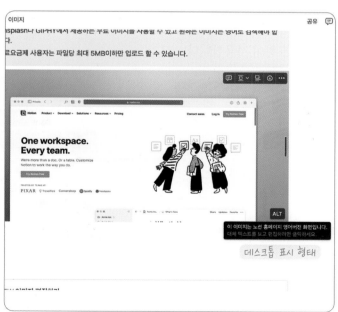

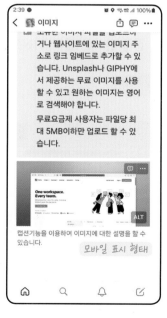

10 　데스크톱 　⊙ 아이콘을 클릭하여 이미지를 다운로드합니다. 　모바일 앱 　이미지를 터치 후 하단의 ↓ 아이콘을 터치하여 다운로드합니다.

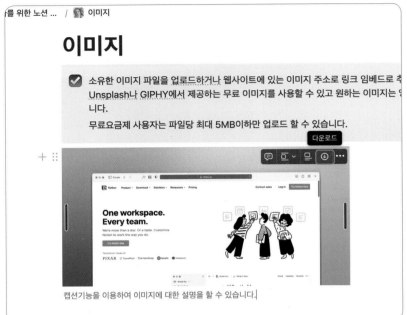 

11 　데스크톱 　다운로드한 이미지를 다시 업로드합니다. 업로드한 이미지만 이미지 자르기 메뉴가 나타납니다. 임베드한 이미지 원본은 다운로드는 가능하지만, 편집은 불가능 합니다. 만약 편집을 원하는 경우, 다운로드 후 업로드하여 사용합니다.

임베드 이미지

업로드 이미지

12 데스크톱 업로드한 이미지에 대해 이미지 자르기 메뉴의 마스크 기능을 사용하여 원하는 규격
으로 편집합니다.

13 데스크톱 / 모바일앱 GIPHY는 움직이는 이미지(GIF) 파일로, 키워드 검색은 영어만 가능하고
페이지의 아이콘으로 사용하기 위해 각각 다른 이미지를 선택합니다.

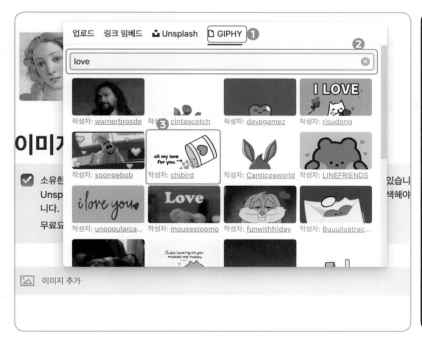

14 데스크톱 / 모바일앱 선택한 이미지는 페이지에 표시되고 일반 이미지보다는 생동감을 줄 수 있습니다.

GIPHY로 페이지 아이콘 추가 방법

GIPHY를 이용하여 귀여운 움짤 아이콘을 추가할 때는 정사각형에 가까운 이미지를 선택하거나, 이미지 포인트가 중앙에 있는 것을 선택하는 것이 좋습니다.

방법: ① GIPHY 이미지의 블록 핸들 아이콘 클릭 ② [원본 링크 복사] 클릭 ③ 페이지 아이콘 추가 ④ [사용자 지정] 클릭 ⑤ 링크 붙여넣기 ⑥ [제출] 클릭

Ⓝ┃동영상 블록

YouTube나 Vimeo 등에서 동영상 링크로 링크 임베드할 수 있고, 영상 파일을 업로드할 수 있습니다. 업로드 시 무료 요금제 사용자는 파일당 최대 5MB 이하만 업로드 가능합니다.

01 데스크톱 "/동영상"을 입력 후, 목록에서 [동영상]을 클릭합니다. 모바일앱 툴바의 + 아이콘을 클릭 후, 목록에서 [동영상]을 터치합니다.

02 데스크톱 / 모바일앱 유튜브에서 [공유]를 클릭하고 링크를 복사합니다.

03 데스크톱 / 모바일앱 복사한 영상 URL을 붙여넣기하고 [동영상 임베드]를 클릭합니다.

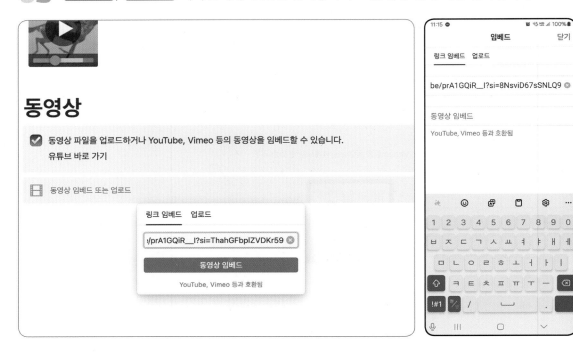

04 데스크톱 / 모바일앱 시작 시간을 지정하였다면 임베드한 영상을 재생시키면 선택한 시간부터 영상을 시청할 수 있습니다.

N | 파일 블록

　노션 페이지에 문서, 스프레드시트, 프레젠테이션 등 다양한 파일을 업로드하여 필요한 자료를 한 곳에 모아둘 수 있고 PDF, Google Drive, CodePen 등의 파일은 링크로 임베드합니다. 프로젝트나 학습에 필요한 자료를 노션에 정리해 둔다면 필요할 때 누구나 접근이 가능하여 효과적으로 활용할 수 있습니다. 업로드 시 무료 요금제 사용자는 개별 파일당 5MB 이하만 업로드 가능합니다

01 　[데스크톱] / [모바일앱] "/파일"을 입력 후, 목록에서 [파일]을 클릭합니다. 나타난 팝업 창에 [파일을 선택하세요]를 클릭하여 파일을 업로드합니다.

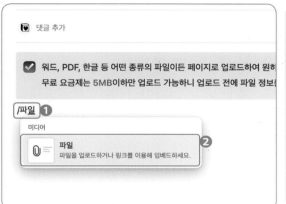

02 　[데스크톱] / [모바일앱] 워드, 한글, PDF 등 모든 형식의 파일을 업로드할 수 있습니다.

파일이 열리지 않는다면 해당 프로그램이 노트북이나 컴퓨터에 설치되어 있지 않은 것이니, 해당 프로그램을 설치 후 열어 확인할 수 있습니다.

🅽 | PDF 블록

PDF 링크를 붙여넣기하거나 업로드하여 페이지에 전체를 임베드 표시할 수 있어 따로 문서를 열지 않고 바로 확인할 수 있습니다.

01 데스크톱 / 모바일 앱 "/PDF"를 입력 후, 목록에서 [임베드 PDF]를 클릭합니다.

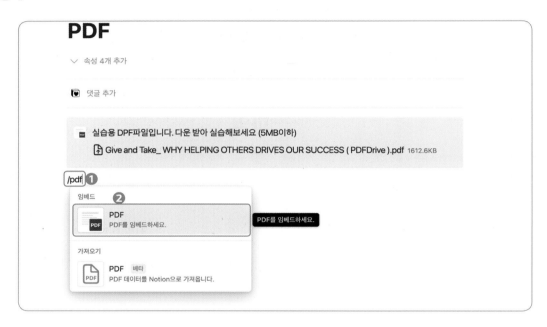

02 데스크톱 / 모바일 앱 [업로드]-[파일을 선택하세요]를 클릭합니다. 무료 요금제 사용자는 PDF 용량이 5MB 이하만 업로드 가능합니다(실습 파일 다운로드 후 파일을 업로드합니다).

03 데스크톱 에서는 임베드된 PDF 파일을 페이지에서 볼 수 있지만 모바일 앱 에서는 파일 형식으로만 표시됩니다. 모바일 앱 에서 확인하는 방법은 해당 파일 다운로드 후, 열기해서 볼 수 있습니다.

데스크톱 뷰

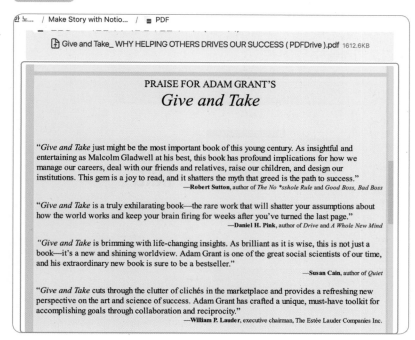

모바일 앱 뷰

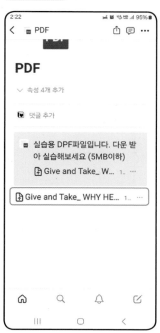

ⓝ | PDF(베타) 블록

PDF의 데이터를 노션으로 가져옵니다. 가져올 때 파일명이 노션 페이지 제목으로 입력되고 데이터는 모두 페이지에 업로드되지만, PDF의 이미지 크기나 폰트가 다르게 표시될 수 있습니다.

01 "/PDF" 입력 후, 목록에서 [PDF]를 클릭합니다.

02 파일을 업로드할 수 있는 팝업 창이 열리면 파일을 선택합니다. PDF 외에도 가져오기에서 지원하는 파일은 노션 페이지로 가져올 수 있습니다.

144

03 PDF 용량에 따라 가져오는 데 시간이 많이 소요될 수 있으니, 창을 닫지 말고 기다립니다.

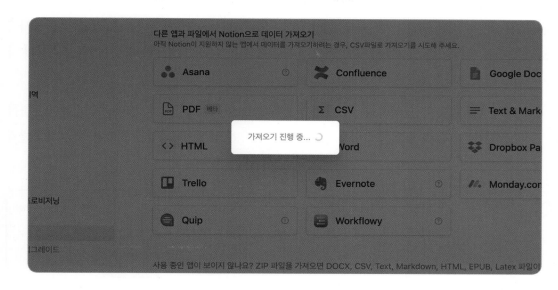

04 가져온 PDF는 자동으로 개인 페이지 섹션에 추가되고 PDF 제목이 페이지 제목이 됩니다. 텍스트는 텍스트 블록으로, 이미지는 이미지 블록으로 노션 페이지에 표시되고, 이미지 크기는 불규칙하게 표시되므로 필요에 따라 편집해야 합니다.

Ⓝ | 북마크 블록

북마크는 웹사이트 미리보기 개념으로, 웹사이트명 또는 웹사이트에 대한 간단한 설명 같은 웹사이트 정보를 미리 확인할 수 있습니다. 북마크를 클릭하여 해당 웹사이트로 이동할 수 있고 즐겨찾기 사이트나 참고 자료를 노션 페이지에 모아놓고 찾아볼 때 유용한 기능입니다.

01 데스크톱 / 모바일 앱 북마크하고자 하는 웹사이트 URL를 복사한 후, 페이지에서 북마크 블록을 생성합니다. 북마크 생성 입력 칸에 웹사이트 URL를 붙여넣기한 후, [북마크 생성]을 클릭합니다.

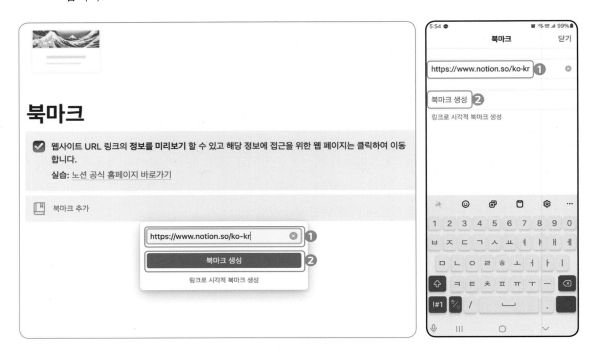

02 데스크톱 / 모바일 앱 생성된 북마크는 웹사이트의 정보를 제공합니다. 북마크를 클릭하여 해당 페이지로 이동할 수 있습니다.

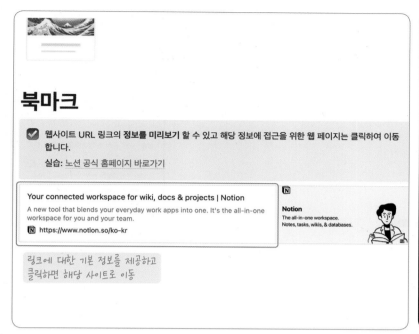

03 [데스크톱] 복사한 주소 페이지에 바로 붙여넣기하면 팝업 창이 나타나고 [멘션]을 클릭합니다.

[모바일 앱] 화면을 꾹 눌러 붙여넣기하면 메뉴가 나타나고 [멘션]을 터치합니다.

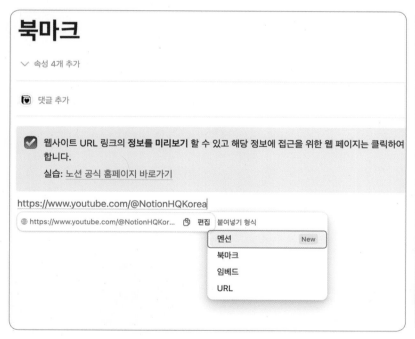

04 데스크톱 / 모바일앱 멘션으로 웹사이트의 로고, 즉 파비콘을 같이 제공하여 북마크와 비슷한 기능을 하면서 페이지에 깔끔하게 표시할 수 있습니다. 웹사이트의 특정 페이지를 멘션하는 경우 그 페이지 정보까지 텍스트로 표시합니다.

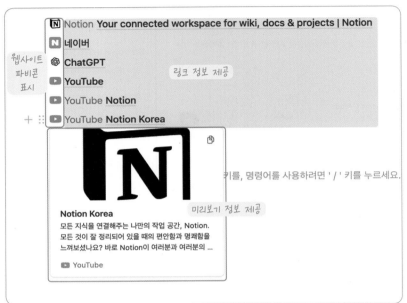

링크 정보를 표시하는 3가지 방법

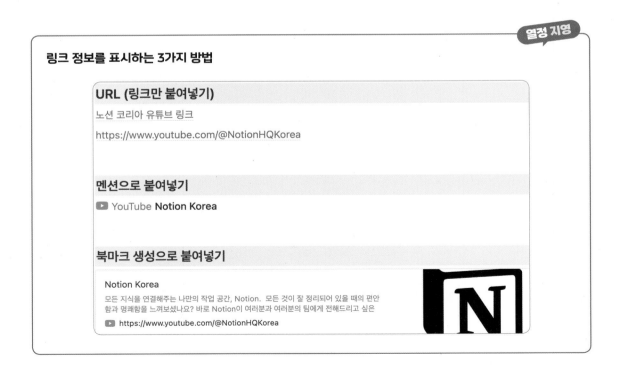

148

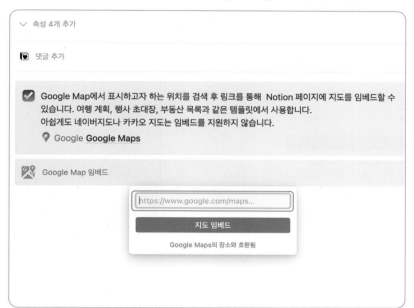

Ⓝ I Google Maps 블록

Google Maps 블록은 노션 페이지에 구글 지도를 삽입할 수 있는 기능입니다.

01 데스크톱 "/지도" 입력 후, 목록에서 [Google Maps]를 클릭합니다. 모바일앱 툴바의 ➕ 아이콘을 클릭 후, 목록에서 [Google Maps]를 터치합니다.

02 데스크톱 / 모바일앱 구글 지도에서 원하는 위치를 검색 후, 링크를 복사합니다.

03 데스크톱 / 모바일앱 복사한 주소를 붙여넣기 후, [지도 임베드]를 클릭합니다.

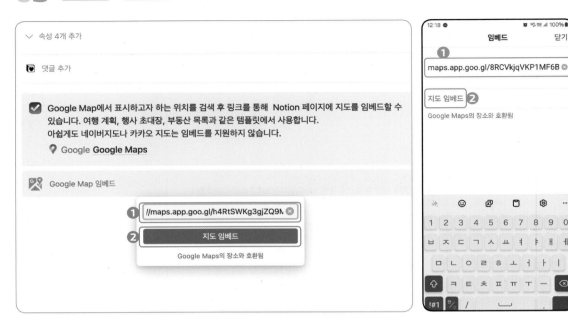

04 데스크톱 / 모바일앱 삽입된 구글 지도를 확인할 수 있고 멘션, 북마크 기능으로도 삽입할 수 있습니다.

네이버 지도는 임베드 되지 않으니, 위치 안내 시 Google Map을 이용합니다.

Ⓝ | 목차 블록

제목 블록을 이용하여 작성한 페이지는 제목 또는 소제목을 한눈에 보기 위해 목차 블록을 이용하여 작성할 수 있습니다. 문서 전체 구조를 확인할 수 있고, 찾고자 하는 제목 링크를 클릭하면 해당 제목 위치로 이동되며, 제목이 파란색으로 강조됩니다.

제목(토글)1은 가장 상위 목차, 즉 링크로 나타나며 제목(토글)2, 제목(토글)3은 들여쓰기가 되어 소제목으로 사용할 수 있습니다.

목차 블록에 표시 가능한 제목 블록은 제목1, 제목2, 제목3, 제목 토글1, 제목 토글2, 제목 토글3 총 6가지입니다.

"/목차"를 입력해 목차 목록을 생성할 수 있습니다. 목차 블록은 생성한 위치(페이지)에만 표시되어 페이지 콘텐츠 내용이 많은 경우 활용도가 떨어집니다.

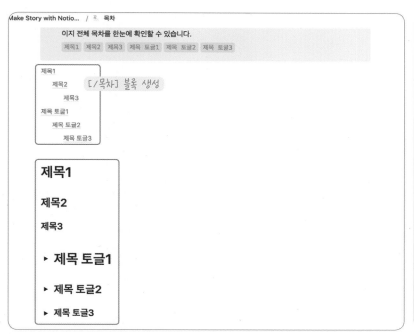

별도의 입력 없이 페이지 오른쪽에 가로 실선으로 목차가 표시됩니다. 마우스 오버하면 목차를 확인할 수 있고 페이지에 많은 콘텐츠 내용이 있더라도 페이지의 모든 위치에서 확인할 수 있는 장점이 있습니다.

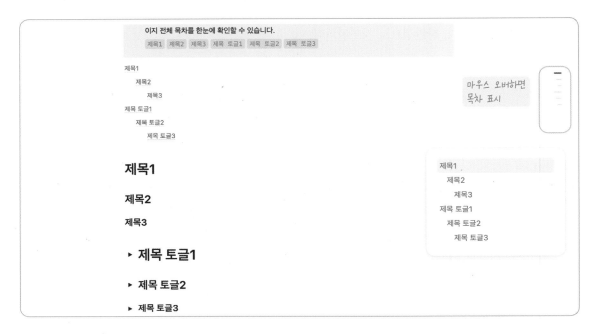

목차 표시를 원치 않는 경우 페이지 오른쪽 상단의 ••• 아이콘 메뉴에서 비활성화합니다.

3-5 동기화 방법

특정 정보를 여러 페이지에 입력 후 편집할 때마다 각 페이지를 방문하여 수정한다면, 번거로움이 클 것입니다. 동기화 블록을 사용하면 특정 정보를 여러 페이지에 표시할 수 있고 어느 위치에서도 동기화된 블록은 실시간으로 동일하게 수정됩니다. 동기화된 내용(콘텐츠)은 빨간색 상자로 표시되고, 원본과 사본이 있습니다.

원본과 사본은 페이지 이름 옆에 원본과 현재 페이지의 위치가 표시됩니다. 이 페이지 중 이동을 원하는 페이지가 있다면, 해당 페이지를 클릭하여 이동 가능합니다.

동기화 블록 사본을 추가하려면, 원본 또는 사본을 복사하고 [동기화하기]를 클릭하면 동기화 블록이 복사되고, 원하는 위치에 붙여넣기하면 간단하게 생성됩니다.

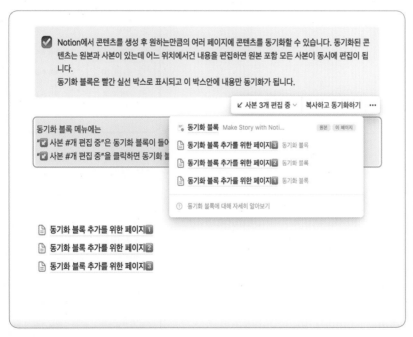 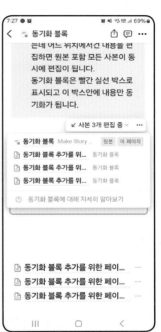

동기화 블록 메뉴

'✓ 사본 #개 편집 중' #은 동기화 블록이 들어있는 페이지 수를 나타냅니다.

'✓ 사본 #개 편집 중'을 클릭하면 동기화 블록이 있는 다른 위치를 확인하고, 클릭하여 이동할 수 있습니다.

N | 동기화 블록 생성 방법

방법 1 `데스크톱` "/동기화"를 입력 후, 목록에서 [동기화 블록]을 클릭합니다. `모바일앱` 툴바의 ＋ 아이콘을 클릭 후, 목록에서 [동기화 블록]을 터치합니다.

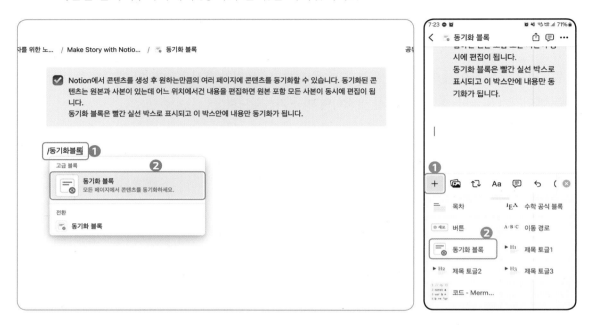

방법 2 동기화가 필요한 내용을 선택 후, `데스크톱` ⋮⋮ 블록 핸들 아이콘 메뉴에서 [전환]-[동기화 블록]을 클릭합니다. `모바일앱` 툴바의 ⟳ 아이콘을 클릭 후, 메뉴에서 [동기화 블록]을 터치합니다.

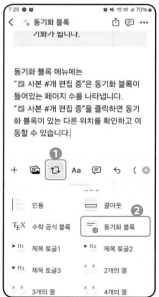

Ⓝ I 동기화 블록 페이지 추가

01 데스크톱 / 모바일 앱 하위 페이지를 3개 추가하고 각 페이지 제목은 "동기화 블록 추가를 위한 페이지"로 입력합니다.

02 데스크톱 동기화 블록을 클릭 후, [복사하고 동기화하기]를 클릭합니다. 모바일 앱 동기화 블록을 터치 후 아이콘 메뉴에서 [블록 링크 복사]를 터치합니다.

03 `데스크톱` 3개의 하위 페이지에 각각 복사한 동기화 블록을 붙여넣기합니다.

`모바일앱` 3개의 하위 페이지에 각각 복사한 동기화 블록을 붙여넣기 후, [동기화 블록]을 터치합니다.

Ⓝ | 특정 사본만 동기화 해제

01 `데스크톱` / `모바일앱` 동기화 해제를 원하는 블록을 확인하기 위해 [사본 #개 편집 중]을 클릭합니다. [이 페이지]를 클릭하여 현재 페이지의 위치와 원본 및 사본을 확인합니다.

02 데스크톱 / 모바일앱 동기화 블록의 ⋯ 아이콘 메뉴에서 [동기화 해제]를 클릭합니다.

03 데스크톱 / 모바일앱 [동기화 해제]를 클릭합니다. 만약 [모두 동기화 해제]가 보이면 원본인지 재확인 후 해제합니다.

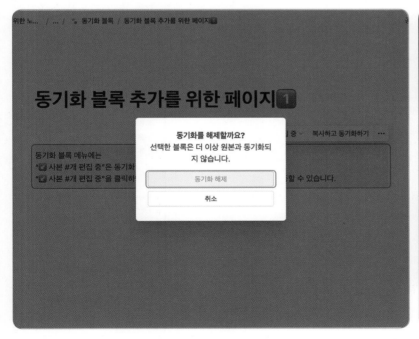 

04 데스크톱 / 모바일앱 동기화 해제가 완료되면 콘텐츠의 핑크색 실선 박스가 사라집니다.

Ⓝ I 모든 블록 동기화 해제

01 데스크톱 / 모바일앱 모든 블록의 동기화 해제는 반드시 원본에서 해제를 진행합니다. [사본 #개 편집 중]을 클릭하여 첫번째 페이지 목록 오른쪽에 [원본], [이 페이지]가 표시되어 있다면 원본 동기화 블록을 맞게 선택한 것입니다.

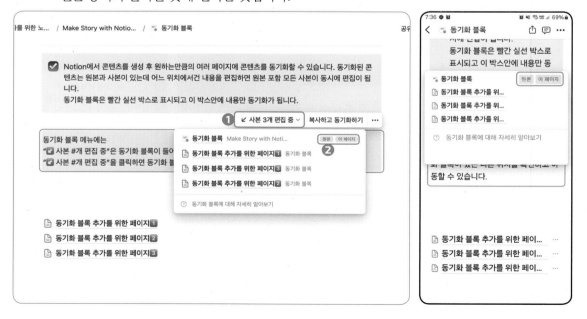

02 데스크톱 / 모바일앱 동기화 블록의 ··· 아이콘 메뉴에서 [동기화 모두 해제]를 클릭합니다.
만약 동기화 해제가 보인다면 사본 블록이고, 페이지 리스트 중 원본을 클릭합니다.

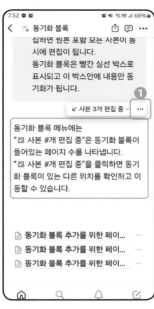

03 데스크톱 / 모바일앱 [동기화 모두 해제]가 완료되면 블록의 핑크색 박스가 사라지고, 원본과
모든 사본의 동기화는 해제된 상태가 됩니다.

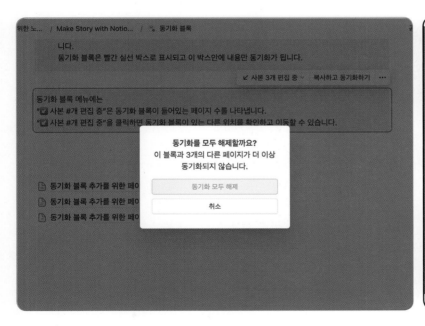

실전 연습 따라하기

3-6

지금까지 배운 블록을 활용하여 간단한 노션 포트폴리오를 만들어 봅니다.

 | 포트폴리오 만들기

01 [데스크톱] 나를 소개하기 위한 사진과 소개글을 작성하기 위해 새 페이지를 생성합니다. "/열"을 입력 후 목록에서 [2개의 열] 블록을 클릭합니다.

02 데스크톱 / 모바일 앱 왼쪽 열에 "/이미지"를 입력 후 목록에서 [이미지] 블록을 클릭하고, 내 사진 파일을 업로드합니다.

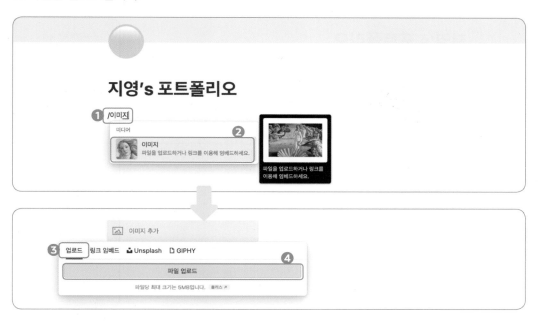

03 데스크톱 / 모바일 앱 오른쪽 열에는 "/제목2"을 입력 후 목록에서 [제목2] 블록을 클릭하고, "About me"를 입력합니다.

04 데스크톱 / 모바일앱 오른쪽 열 제목 아래에 "/인용"을 입력 후 목록에서 [인용] 블록을 클릭하고, 나를 소개하는 문장을 입력합니다.

05 데스크톱 / 모바일앱 [인용] 블록 생성 후, 나를 대표하는 키워드 "#열정 #도전 #기회"를 입력합니다. 입력한 텍스트를 선택하면 텍스트 편집 메뉴가 나타나고 메뉴 중 굵게, 코드로 표시, 텍스트 색 등을 선택합니다.

◆ **이력서와 포트폴리오 입력**

06 데스크톱 2개의 [콜아웃] 블록을 만들고, 전환 또는 드래그 앤 드롭으로 2개의 열로 나눕니다.

07 데스크톱 / 모바일 앱 각 콜아웃 블록에 이력서와 PDF 포트폴리오 파일을 직접 업로드하거나 Google Drive 사용자라면 구글 드라이브 공유 링크를 이용하여 멘션으로 붙여넣기합니다.

08 데스크톱 / 모바일 앱 Google Drive 사용자는 가장 많이 사용하는 이력서(자기소개서)와 PDF 포트폴리오를 Google Drive에 업로드 후, 해당 텍스트에 하이퍼링크를 연결합니다. 링크 권한 설정은 링크가 있는 누구나 접근이 가능하도록 허용합니다.

◆ **학력과 이력 입력**

09 데스크톱 [제목2] 블록을 2개 생성하고 전환 또는 드래그 앤 드롭으로 2개의 열로 나눕니다.
데스크톱 / 모바일 앱 각각 [글머리 기호 목록] 블록과 들여쓰기를 이용하여 학력과 이력을 작성합니다.

◆ **Skills 입력**

10 [데스크톱] / [모바일 앱] [제목2] 블록을 생성하고, "Skills"를 입력합니다. [데스크톱] [/콜아웃] 블록을 4개 생성 후, 2개씩 [2개의 열] 블록으로 전환합니다.

11 [데스크톱] / [모바일 앱] [콜아웃] 블록 아이콘을 변경합니다. 아이콘은 이모지나 아이콘을 선택하거나, 구글에서 이미지를 검색 후 업로드 또는 이미지 주소를 입력합니다(입력한 도구를 다룰 수 있는 나의 역량을 이모지로 표시합니다).

◆ 내가 참여한 프로젝트 입력

12 `데스크톱` / `모바일 앱` [제목2] 블록을 생성하고 "Project"를 입력합니다. `데스크톱` 이미지 블록 2개를 만들고, 드래그 앤 드롭으로 2개의 열을 만듭니다.

13 `데스크톱` / `모바일 앱` 이미지 메뉴에서 ⋯ 아이콘을 클릭하고 캡션을 입력합니다.

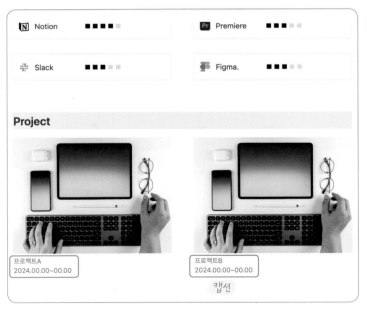 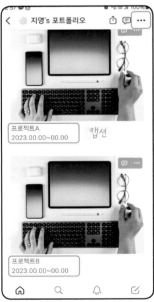

◆ **내가 활동하는 SNS 콘텐츠 채널 입력**

14 데스크톱 / 모바일앱 [제목2] 블록을 생성하고, "Social Media"를 입력합니다. 각 채널 링크를 복사 후, 멘션으로 붙여넣기합니다.

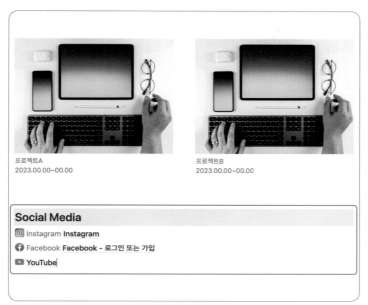

◆ **나와 연락할 수 있는 이메일, 연락처, 채널 입력**

15 데스크톱 / 모바일앱 [제목2] 블록을 생성하고, "Contacts"를 입력합니다. [이모지]와 [텍스트] 블록을 이용하여 내용을 작성합니다.

지영의 포트폴리오

About me

> 나의 강점과 관심사를 잘 표현될 수 있는
> 간단한 자기 소개서를 작성해주세요

#도전   #열정   #기회

📎 이력서(자기소개서)   📎 PDF 포트폴리오

Education

- [한국 대학교]
  - 2019.03~2023.02
  - OOO 전공

Career

- 현) OO 기업 마케팅팀 | 과장
- 전) OOO 회사 PM

Skills

N Notion	■■■■□
Pr Premiere	■■■□□
Slack	■■■□□
Figma.	■■■□□

프로젝트A
2024.00.00~00.00

프로젝트B
2024.00.00~00.00

Social Media

📷 Instagram **Instagram**
📘 Facebook **Facebook** - 로그인 또는 가입
▶ **YouTube**

Contacts

✉ abcde@gmail.com
📞 010-2345-6789

노션 데이터베이스

Notion 데이터베이스와 스프레드시트의 큰 차이점 3가지
- 데이터베이스 항목 겸 페이지: 데이터베이스에 입력하는 모든 항목은 그 자체로 Notion 페이지입니다. 다른 Notion 페이지에서와 마찬가지로 데이터베이스 항목을 열어 텍스트, 이미지 등의 형식으로 더 많은 정보를 추가할 수 있습니다.
- 사용자 지정이 가능한 속성: 속성 기능을 통해 라벨을 추가하는 등 데이터베이스를 보강할 수 있습니다. 날짜, 상태, 링크 등을 데이터베이스에 추가할 수 있습니다.
- 토글로 전환하는 다양한 레이아웃: 표 외에도 데이터를 볼 수 있는 가장 적합한 레이아웃을 선택할 수 있습니다. 보기 형태로는 보드, 리스트, 캘린더, 갤러리, 타임라인이 있습니다.

출처 : 노션 가이드

4-1 데이터베이스 메뉴 및 종류

📦 | 데이터베이스 메뉴

[데스크톱] / [모바일앱] 모든 데이터베이스에는 공동의 메뉴와 별도의 설정 메뉴가 있습니다. 데이터베이스-인라인 표 보기를 기준으로 기능과 특징을 알아봅니다.

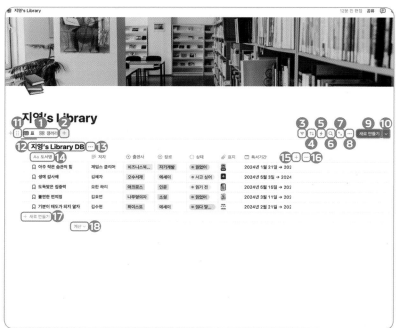

데스크톱

모바일앱

❶❶ 보기: 보기(레이아웃)를 표시합니다.

❷❷ 새 보기 추가: 데이터베이스의 새 보기를 추가합니다.

❸ 필터: 특정 기준에 해당하는 항목만 표시합니다.

❹ 정렬: 오름차순 또는 내림차순으로 정렬합니다.

❺ 자동화 만들기 또는 보기: 특정 명령어를 입력하면 자동으로 실행되게 하는 자동화 작업 메뉴로 유료 요금제 사용자만 이용 가능합니다.

❻❻ 검색: 데이터베이스 제목이나 속성을 검색합니다.

❼❼ 전체 페이지로 열기: 데이터베이스 전체 페이지로 이동합니다.

❽❽ ··· : 각 보기별 편집 메뉴를 선택하고 편집합니다.

❾❾ 새로 만들기: 데이터베이스의 첫 행에 페이지를 추가합니다.

⑩ ⑩ ⌄ : 데이터베이스 템플릿을 추가, 편집, 삭제합니다.

⑪ ⠿ : 데이터베이스를 삭제, 복제, 페이지로 전환, 편집합니다.

⑫ ⑫ 데이터베이스 제목: 데이터베이스 페이지 제목은 중복되지 않도록 작성합니다.

⑬ ⑬ 제목 ⋯ : 데이터베이스 제목 편집, 데이터베이스 제목 숨기기를 합니다.

⑭ 제목 속성: 데이터베이스 제목 속성으로 삭제, 복제, 변경이 불가능합니다.

⑮ ⑮ ＋ : 데이터베이스 속성을 추가합니다.

⑯ ⑰ 속성 ⋯ : 데이터베이스의 속성을 표시/숨기기 할 수 있고 삭제된 속성 정보를 표시합니다.

⑰ ⑰ ＋ 새로 만들기: 데이터베이스의 마지막 행에 새 페이지를 추가합니다.

⑱ ⑱ 계산: 표 보기만 가능하고 속성의 열을 원하는 계산 옵션 중 하나를 선택하여 계산합니다.

Ⓝ | 데이터베이스 종류

데이터베이스-인라인	표 형태로 제목 속성(이름)과 태그(다중 속성)가 기본값으로 생성됩니다.
데이터베이스- 전체 페이지	새 데이터베이스를 하위 페이지로 추가합니다. 데이터베이스 속성과 페이지 추가 외에는 내용을 추가할 수 없습니다.
표 보기	새 데이터베이스 표 보기로 연결 또는 생성합니다.
보드 보기	새 데이터베이스 보드 보기로 연결 또는 생성합니다.
갤러리 보기	새 데이터베이스 갤러리 보기로 연결 또는 생성합니다.
리스트 보기	새 데이터베이스 리스트 보기로 연결 또는 생성합니다.
캘린더 보기	새 데이터베이스 캘린더 보기로 연결 또는 생성합니다.
타임라인 보기	새 데이터베이스 타임라인 보기로 연결 또는 생성합니다.
세로 막대 차트	새 데이터베이스 세로 막대 차트를 생성합니다.
가로 막대 차트	새 데이터베이스 가로 막대 차트를 생성합니다.
꺾은선 차트	새 데이터베이스 꺾은선 차트를 생성합니다.
도넛 차트	새 데이터베이스 도넛 차트를 생성합니다.
링크된 데이터베이스 보기	기존 데이터베이스를 해당 페이지에 링크된 데이터베이스로 추가합니다.

Ⓝ | 데이터베이스 생성

데스크톱 "/데이터베이스"를 입력 후, 목록에서 [데이터베이스-인라인]을 클릭합니다.

모바일앱 ＋ 아이콘을 클릭 후, [데이터베이스-인라인]을 터치합니다.

◆ 데이터베이스-인라인 VS 데이터베이스-전체 페이지

데이터베이스-인라인과 데이터베이스-전체 페이지를 쉽게 구분하는 방법은 페이지에서 데이터베이스 외에도 다른 블록을 추가할 수 있다면 인라인 데이터베이스이고, 다른 블록을 추가할 수 없다면 전체 페이지 데이터베이스입니다.

◆ ⠿ 블록 핸들 메뉴 차이점

데스크톱 데이터베이스-인라인의 ⠿ 블록 핸들 아이콘을 클릭 후, [페이지로 전환]을 클릭합니다. 전체 페이지로 변경되어 하위 페이지로 들어간 것을 확인할 수 있습니다. 다시 인라인으로 전환하기 위해서는 상위 페이지로 이동 후, ⠿ 블록 핸들 아이콘을 클릭해 [인라인으로 전환]을 클릭합니다.

데이터베이스-인라인

데이터베이스-전체 페이지

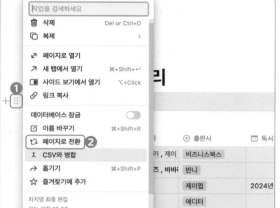

데이터베이스-전체페이지는 ⠿ 블록 핸들 아이콘 메뉴에 [색] 메뉴가 있어 변경이 가능합니다. 단, 글자색과 배경색을 모두 적용할 수는 없습니다.

◆ 페이지 상단 메뉴 차이점

인라인은 제목 위에 있는 [댓글 추가]를 클릭해 댓글을 작성할 수 있고, 작성한 댓글 히스토리는 페이지 오른쪽 상단의 💬 아이콘에서 확인할 수 있습니다. 전체 페이지는 제목 위에 [설명 추가]만 가능합니다. 제목에 표시되는 이모지 위치도 다릅니다. 인라인은 데이터베이스 제목 앞에 작은 이모지로 표시되고 전체 페이지는 제목 앞에 표시됩니다.

데이터베이스-인라인

데이터베이스-전체 페이지

◆ 공유 메뉴 차이점

편집 권한 4가지는 동일하고, 데이터베이스-전체 페이지에서 내용 편집 허용 메뉴는 플러스 요금제로 업그레이드 시 사용 가능합니다. 데이터베이스에 페이지를 추가하여 내용을 편집할 수 있으나 보기나 구성을 편집할 수 없습니다.

데이터베이스-인라인

데이터베이스-전체 페이지

Ⓝ | 데이터베이스 페이지 보기

데이터베이스는 ··· -[레이아웃]-[페이지 보기 선택]을 클릭하여 3가지 옵션으로 데이터베이스 페이지 보기를 설정할 수 있습니다.

사이드 보기	화면 사이드에 페이지가 열리며, 간단한 편집을 할 때 사용하기에 적당합니다. 열린 사이드 페이지는 Esc 를 눌러 닫습니다. 표, 보드, 리스트, 타임라인 보기는 기본적으로 사이드 보기에서 열립니다.
중앙에서 보기	팝업 창으로 열리고 페이지의 콘텐츠 전체를 확인할 수 있으며 Esc 눌러 페이지를 빠르게 닫을 수 있습니다. 갤러리와 캘린더 보기는 기본적으로 중앙에서 열립니다.
전체 페이지 보기	페이지의 모든 메뉴를 확인할 수 있고, 콘텐츠를 입력과 편집할 수 있습니다. 페이지 이동 경로를 클릭하여 원하는 상위 페이지로 이동합니다.

4-2 데이터베이스 속성

데이터베이스에서 속성은 입력할 정보를 효과적으로 사용하기 위한 핵심 메뉴입니다. 엑셀의 표와 다른 점은 속성 열은 속성 값과 속성 옵션을 입력하면 일괄 적용됩니다.

[데스크톱] / [모바일 앱] 속성 추가는 모두 데이터베이스 태그 오른쪽 [+] 아이콘을 클릭하여 선택할 수 있습니다. 속성 메뉴에는 [AI 자동 채우기], [유형], [연결]로 구분되고, 필요한 속성을 클릭하여 선택할 수 있습니다.

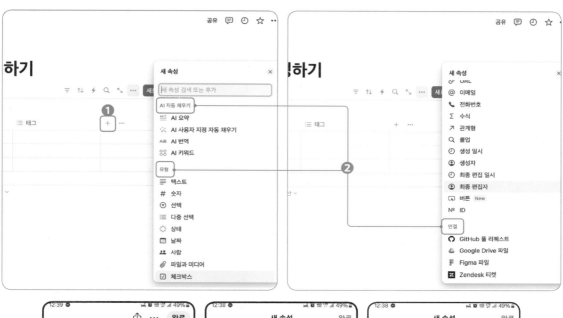

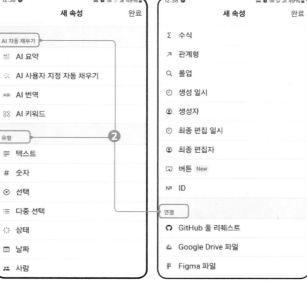

추천 속성

입력한 데이터베이스 제목에 따라서 추천 속성 10개가 자동으로 생성되고, 노션 초보자라면 추천 속성을 활용하여 데이터베이스를 만들 수 있습니다.

N | 텍스트 속성

텍스트는 반복되지 않는 문장형 요약, 메모, 설명에 유용합니다. 텍스트 내용이 많을 경우, 열 줄바꿈 기능을 이용하여 첫 줄을 줄바꿈할 수 있습니다. 줄바꿈 단축키는 Shift + Enter 입니다. 모바일은 줄바꿈 단축키를 지원하지 않습니다.

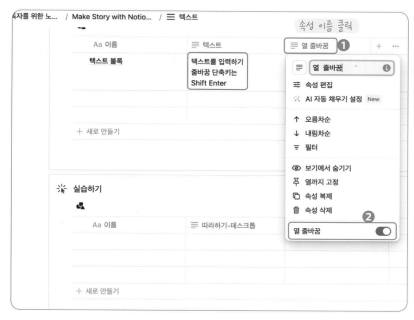

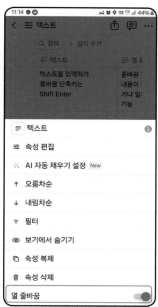

Ⓝ I 숫자 속성

숫자는 숫자 형식과 표시 옵션을 활용하여 정보를 표시할 수 있습니다. 숫자 형식에는 숫자, 쉼표가 포함된 숫자, %, 국가별 화폐 단위가 있고, 표시 옵션은 2가지 모양의 프로그레스바와 색상이 있습니다.

숫자 형식

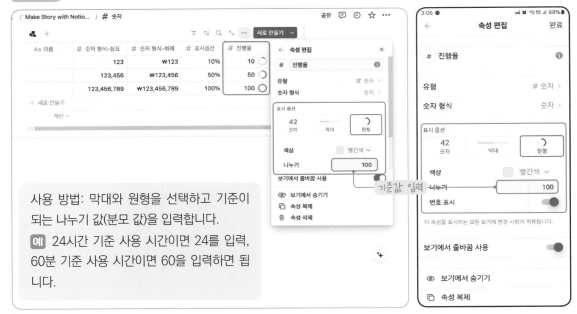

사용 방법: 막대와 원형을 선택하고 기준이 되는 나누기 값(분모 값)을 입력합니다.

예 24시간 기준 사용 시간이면 24를 입력, 60분 기준 사용 시간이면 60을 입력하면 됩니다.

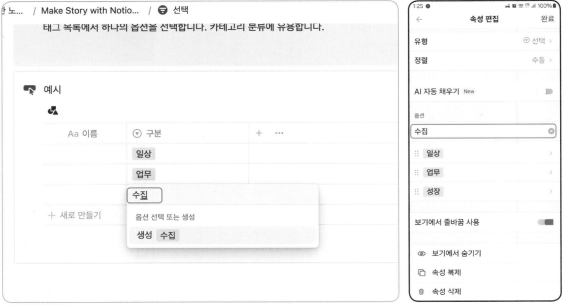 | 선택 속성

선택 속성은 태그가 반복된다면 태그를 미리 입력하거나 입력 중 추가가 가능합니다. 선택 속성은 하나의 태그 옵션만 선택할 수 있고, 입력한 정보를 정렬할 때는 수동, 알파벳순(가나다순), 알파벳 역순 중에서 선택합니다.

선택 속성 입력

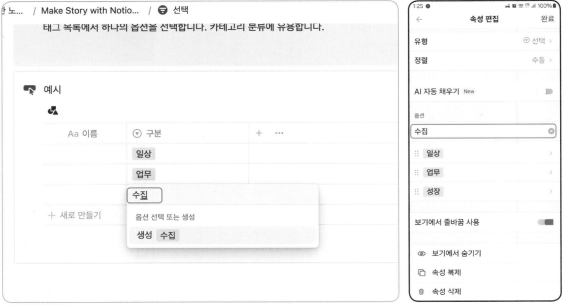

선택 속성 정렬

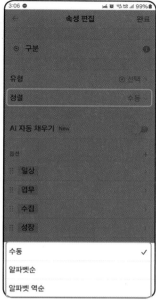

📝 | 다중 선택 속성

다중 선택 속성은 태그가 반복된다면 태그를 미리 입력하거나 입력 중 추가가 가능합니다. 선택과 다르게 1개 이상 또는 전부를 선택하는 경우 사용하고, 입력한 태그를 이용하여 정보를 그룹화하는 기준으로 활용합니다.

Ⓝ | 상태 속성

상태 속성은 시작 전(할 일), 진행 중(진행 중), 완료(완료) 3단계로 진행 상태를 표시할 수 있습니다. 상태 속성은 시작 전이 기본 속성 값입니다. 속성 값의 이름과 색상을 변경할 수 있고, 단계별 추가도 가능합니다. 상태 속성 단계는 표 보기에서 계산이나 롤업 계산 시 유용하게 활용됩니다.

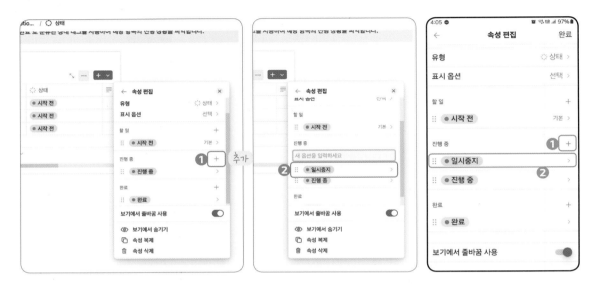

Ⓝ | 날짜 속성

날짜 속성은 날짜 형식과 시간 형식을 선택할 수 있습니다. 리마인더 기능으로 데스크톱이나 모바일 앱에서 알림을 받을 수 있고, 1개의 데이터베이스에 여러 개의 날짜 속성을 입력할 수 있지만, 캘린더 보기로 표시할 때는 1개의 날짜만 선택하여 표시합니다.

◆ 날짜 형식

날짜 형식은 전체 날짜, 월/일/년, 일/월/년, 년/월/일, 상대 총 5가지 중 선택할 수 있고, 선택한 형식은 속성 열에 동일하게 적용됩니다. 전체 날짜는 ○○○○년 ○월 ○○일로 표시되고, 월/일/년, 일/월/년, 년/월/일로 표시할 때는 속성 정보에 표기를 추천합니다. 상대 날짜는 오늘을 기준으로 앞으로 1주일, 뒤로 1주일을 상대적으로 표시합니다(지난주, 다음 주, 어제, 오늘, 내일).

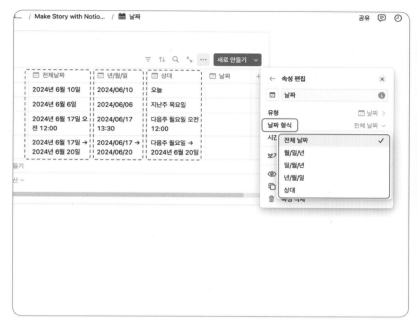
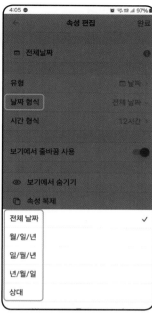

◆ 시간 형식

시간 형식은 12시간(오전/오후+시간=오전 9:00) 또는 24시간(14:30)으로 표시해 주는 기능으로 시간을 포함하여 설정할 수 있습니다. 시간이 정해진 일정이나 리마인더(알림)가 필요한 일정 등록 시 매우 유용합니다.

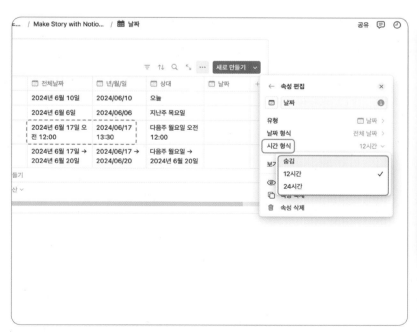
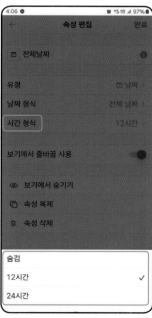

◆ 리마인더

리마인더는 등록한 일정을 시간 기준으로 지정할 수 있고, 데스크톱이나 모바일 앱에서 알림으로 표시해 줍니다. 지난 리마인더 일정은 빨간색 표시, 다가올 리마인더 일정은 파란색 표시합니다.

◆ 시작일과 종료일로 기간 표시

날짜를 기간으로 표시할 때는 종료일을 활성화하고, 비활성화하면 시작일만 남습니다.

◆ 날짜 기간 설정+시간 설정

시작일과 종료일로 기간을 설정할 때 시간을 포함할 수 있습니다.

Ⓝ l 사람 속성

담당자나 참여자, 편집자 등을 표시하거나 멘션할 때 사람 속성을 이용합니다. 사람 속성은 워크스페이스에 초대가 되어 있는 게스트나 멤버만 표시할 수 있고, 멘션하면 해당 사람에게 알림이 표시됩니다. 사람 속성에서 2가지를 설정할 수 있고, 제한은 반드시 1명만 입력할 때 선택할 수 있습니다. 기본값의 생성자는 데이터베이스 페이지(행)를 생성한 사람이 표시됩니다.

 ┃ 파일과 미디어 속성

워드, 한글, 프레젠테이션, PDF, 이미지 파일 등을 업로드합니다. 링크 임베드로 이미지를 업로드 시 이미지 표시가 안 되고, 링크만 표시될 경우는 지원하지 않는 파일 형식으로 다른 이미지를 임베드하거나 다운로드 후 재업로드합니다.

업로드한 문서는 다운로드, 원본 보기, 이름 바꾸기, 삭제 등이 가능합니다.

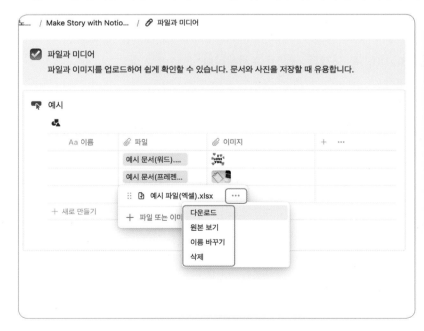

N | URL 속성

URL 정보를 표시하고, 웹사이트의 주소가 길 경우 속성 편집 메뉴에서 [전체 URL 표시] 메뉴를 비활성화하면 최소 정보만 표시합니다.

N | 이메일 속성

이메일 속성은 이메일 주소를 클릭하면 기본 값으로 설정된 웹브라우저 창이 나타납니다.

N | 전화번호 속성

전화번호 속성은 전화번호를 클릭하면 연결 가능한 전화 프로그램이 나타납니다.

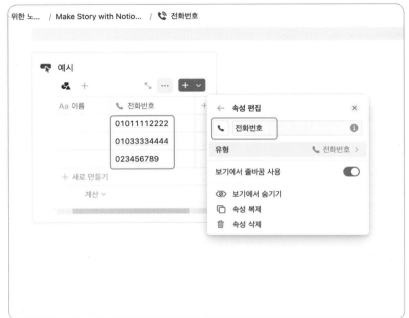

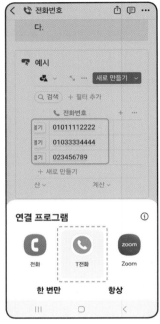

N | 수식 속성

데이터베이스의 입력된 속성으로 단순 계산 및 함수를 사용하여 여러 유용한 값을 계산합니다.

4-3 실전 연습 따라하기

데이터베이스 기능을 이용하여 학습 진도에 따라 습관 관리, 일정 관리, 도서 목록 3가지 템플릿을 만들 예정입니다. 3가지 템플릿 만드는 과정을 따라합니다.

N | 습관 관리 템플릿 만들기

01 데스크톱 / 모바일앱 새 페이지를 생성하고 아이콘과 커버를 설정합니다. 페이지 제목 입력 후, 페이지에 [데이터베이스–인라인] 블록을 생성하고 데이터베이스의 제목을 입력합니다.

02 [데스크톱] / [모바일앱] [제목] 속성을 선택하고 이름을 "Day"로 입력합니다.

03 [데스크톱] / [모바일앱] 데이터베이스 기본 속성 [태그]를 선택 후, [속성 삭제]를 클릭합니다.

04 데스크톱 / 모바일 앱 ＋ – [날짜] 속성을 추가합니다.

05 데스크톱 / 모바일 앱 ＋ – [체크박스] 속성을 추가한 후, 속성 이름을 "운동30분"으로 입력합니다.

06 05번과 같은 방법으로 체크박스 속성을 3개 추가로 생성하고, 각각 "독서30분", "영양제", "일기쓰기"로 속성 이름을 입력합니다.

07 데스크톱 / 모바일앱 [선택] 속성을 선택 후, 속성 이름을 "물2L"로 입력하고 옵션을 추가합니다.

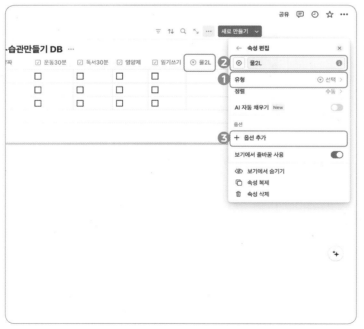

08 데스크톱 / 모바일 앱 생수 500 ml 용량을 0.5 L로 표시하고 물방울 아이콘을 추가합니다.

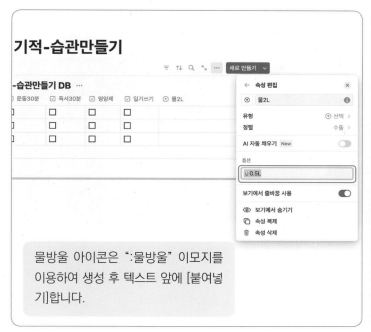

물방울 아이콘은 ":물방울" 이모지를
이용하여 생성 후 텍스트 앞에 [붙여넣
기]합니다.

09 데스크톱 / 모바일 앱 추가한 속성 옵션은 모두 파란 배경색으로 변경합니다.

◆ 구글 Sheets 사용법

10 ［데스크톱］ Day 66일을 빠르게 입력하기 위해 구글 워크스페이스의 Sheets를 이용합니다. 구글 창 오른쪽의 ⊞ –[Google Sheets]를 클릭합니다(Excel 이용해도 상관없습니다).

11 ［데스크톱］ 1개의 셀에 "Day1"을 입력 후 해당 셀의 오른쪽 하단의 모서리를 길게 드래그합니다. 드래그로 생성되는 값은 Day2, Day3, Day4, Day5…로 자동 증감이 되고 Day66까지만 생성합니다. 생성된 Day1~ Day66까지 선택 후 복사(Ctrl + C)합니다.

12 ［데스크톱］ 복사한 값을 데이터베이스 제목 속성 Day에 붙여넣기(Ctrl + V)합니다. 붙여넣기할 때 커서가 깜박이지 않고 표 1칸이 선택된 상태에서 붙여넣기합니다.

13 데스크톱 / 모바일앱 제목 Day 속성에 입력한 값을 오름차순으로 정렬합니다.

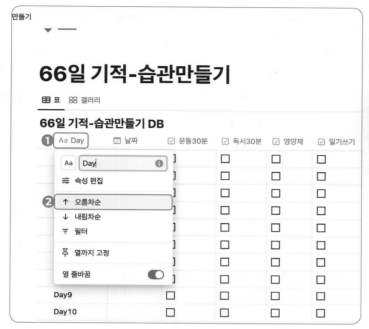

14 데스크톱 / 모바일앱 습관 관리 템플릿을 완성하였습니다. 앞으로 데이터베이스의 다양한 기능을 습관 관리 템플릿에 추가할 예정입니다.

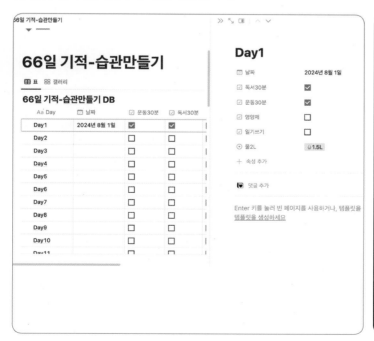

ⓝ | 일정 관리 템플릿 만들기

01 「데스크톱」 / 「모바일앱」 새 페이지를 생성하고 제목을 입력한 후, 아이콘과 커버를 설정합니다. 페이지에 [데이터베이스-인라인]을 블록을 생성하고, 데이터베이스의 제목을 입력합니다.

02 「데스크톱」 / 「모바일앱」 [제목] 속성의 이름을 "일정"으로 입력합니다.

03 [데스크톱] / [모바일 앱] 기본 태그 속성은 [날짜] 속성으로 변경하고, 속성 이름을 "날짜"로 입력합니다. 날짜 형식은 [년/월/일]을 클릭합니다.

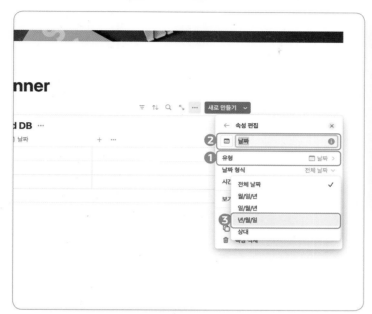

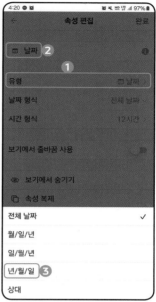

04 [데스크톱] / [모바일 앱] 데이터베이스의 + 아이콘을 클릭 후, [선택] 속성을 선택하고, 속성 이름은 "구분"으로 입력한 후 [옵션 추가]를 클릭합니다.

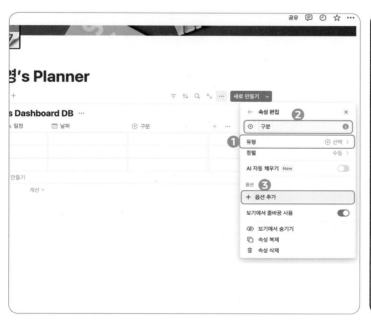

05 데스크톱 / 모바일 앱 예시와 같이 옵션을 입력합니다.

06 데스크톱 / 모바일 앱 일정의 완료 유무를 체크할 수 있는 [체크박스] 속성을 만들기 위해 + 아이콘을 클릭하고, [체크박스] 속성을 추가 후 속성 이름을 "완료"로 입력합니다.

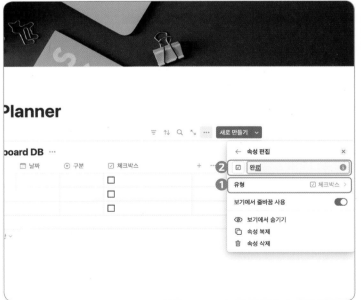

07 데스크톱 / 모바일앱 [+ 새로 만들기] 클릭하고, 제목 속성의 빈 셀 또는 [열기]를 클릭하여 일정을 입력합니다.

08 데스크톱 / 모바일앱 일정 관리 템플릿이 완성하였습니다. 앞으로 데이터베이스의 다양한 기능을 일정 관리 템플릿에 추가하여 완성할 예정입니다.

N | 도서 목록 템플릿 만들기

01 〔데스크톱〕/〔모바일 앱〕 새 페이지를 생성하고 제목을 입력한 후, 아이콘과 커버를 설정합니다. 페이지에 [데이터베이스-인라인]을 블록을 생성하고 데이터베이스의 제목을 입력합니다.

02 〔데스크톱〕/〔모바일 앱〕 [제목] 속성에 이름을 "도서명"으로 입력합니다.

03 데스크톱 / 모바일앱 기본 태그 속성은 삭제하고, [텍스트] 속성을 추가한 후 속성 이름을 "저자"
로 입력합니다.

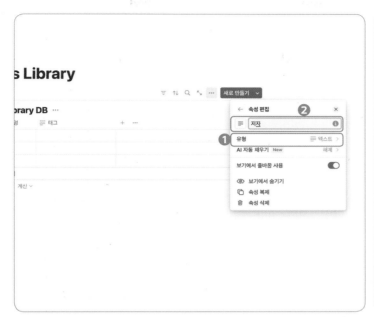

04 데스크톱 / 모바일앱 [선택] 속성을 추가하고 속성 이름을 "출판사"로 입력합니다. 고정된 옵션이
있다면 [옵션 추가]를 하고, 도서를 추가할 때마다 발생하는 옵션은 추가합니다.

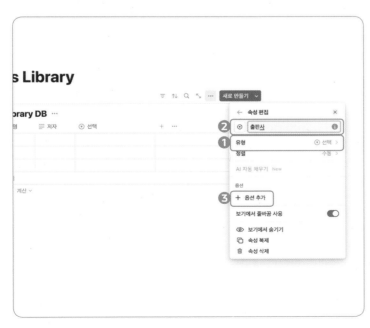

05 데스크톱 / 모바일 앱 [선택] 속성을 추가하고 속성 이름을 "장르"로 입력합니다. 옵션은 페이지에 내용을 입력할 때 추가합니다.

06 데스크톱 / 모바일 앱 책을 읽고 있는 상태를 나타낼 수 있는 [상태] 속성을 추가합니다. [상태] 속성은 [선택] 속성이나 [다중 선택] 속성과는 다르게 일의 진행 상태에 따라 시작 전(할 일), 진행 중(진행 중), 완료(완료) 3단계로 정해져 있습니다. 옵션을 변경하거나 추가하여 사용합니다.

07 데스크톱 / 모바일 앱 [상태] 속성을 독서 상태에 맞게 편집할 수 있습니다. [옵션]을 클릭 후, 이름을 입력하고 배경색을 선택합니다.

08 데스크톱 / 모바일앱 옵션 추가를 위해 진행 단계에서 ＋ 아이콘을 클릭 후, 입력 창에 나타나면 옵션 이름을 입력하고 Enter 를 누릅니다. 옵션명과 배경색을 변경하고 싶다면 **07**번을 따라합니다.

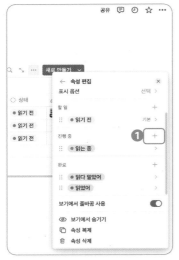
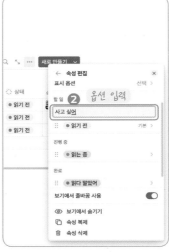

09 데스크톱 / 모바일앱 책의 표지 이미지를 입력할 수 있는 [파일과 미디어] 속성을 추가하고, 속성 이름은 "표지"라고 입력합니다.

10 데스크톱 / 모바일앱 독서기간을 입력할 수 있는 [날짜] 속성을 추가하고, 속성 이름은 "독서기간"으로 입력합니다.

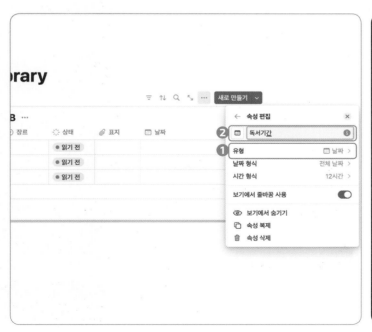

11 데스크톱 / 모바일 앱 완성된 도서 목록 템플릿에 도서 정보를 입력합니다.

12 데스크톱 / 모바일 앱 도서 정보는 온라인 서점 중 교보문고 홈페이지를 활용하여 데이터베이스 속성에 맞춰 정보를 입력합니다.

13 데스크톱 / 모바일 앱 도서명과 저자를 입력하고, 출판사는 입력하면 옵션 목록에 추가됩니다.

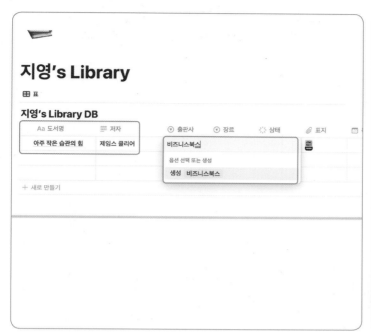

14 데스크톱 / 모바일 앱 [장르] 속성 빈 칸을 클릭 후, "자기계발"이라고 입력하면 목록에 추가됩니다.

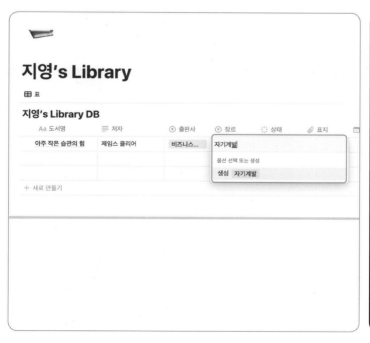

15 데스크톱 책 표지는 복사한 이미지 주소를 [표지]-[링크 임베드]를 클릭해 붙여넣기 후 [링크]를 클릭합니다. 모바일앱 **12**에서 다운로드 받은 이미지를 [업로드]-[파일을 선택하세요]를 터치하여 업로드합니다.

16 데스크톱 / 모바일앱 동일한 방법으로 도서 목록 5~10권을 입력합니다. 앞으로 데이터베이스의 다양한 기능을 도서 목록 템플릿에 추가하여 완성할 예정입니다.

4-4 다양한 보기(View) 레이아웃

노션은 6가지 보기(View) 레이아웃을 제공합니다. 표, 보드, 타임라인, 캘린더, 리스트, 갤러리가 있습니다. 각 레이아웃은 보기 설정에 따라 데이터 관리 및 작업 효율이 극대화됩니다.

N | 보기(View) 레이아웃 장점

장점 1 다양한 시각적 표현으로 데이터를 한눈에 파악할 수 있습니다.

● 상황별 최적화된 보기(View): 프로젝트나 작업에 따라 가장 적합한 레이아웃을 선택할 수 있습니다.
● 가독성 향상: 데이터를 가장 이해하기 쉬운 형식으로 변환할 수 있어 정보의 가독성이 높아집니다.

장점 2 업무 효율성을 높일 수 있습니다.

● 빠른 전환: 필요에 따라 보기(View)를 빠르게 변경함으로써 데이터를 다양한 각도에서 분석하고 조작할 수 있습니다.
● 작업 흐름 최적화: 보드 보기(Board View)를 사용하여 작업의 진행 상태를 명확히 하고, 타임라인 보기(Timeline View)를 통해 장기적인 계획을 세우는 등 작업 흐름을 최적화할 수 있습니다.

장점 3 사용자 맞춤형 데이터를 관리할 수 있습니다.

● 개인화된 작업 공간: 사용자나 팀의 필요에 따라 데이터베이스를 다양한 방식으로 시각화할 수 있어, 개인화된 작업 공간을 구축할 수 있습니다.
● 협업 향상: 각 팀원의 역할과 필요에 맞게 레이아웃을 사용할 수 있어 협업 효율이 향상됩니다.

장점 4 데이터의 다양한 활용을 가능하게 합니다.

● 다중 관점에서 데이터 분석: 동일한 데이터를 여러 보기(View)로 분석할 수 있어, 데이터의 숨겨진 패턴이나 인사이트를 발견할 수 있습니다.
● 다양한 보고서 작성: 레이아웃을 변경하여 다양한 형태의 보고서를 생성할 수 있습니다.

장점 5 직관적인 데이터 필터링 및 정렬을 할 수 있습니다.

● 상황에 맞는 필터링: 특정 날짜나 상황에 맞게 데이터를 필터링하고, 필요에 따라 보기(View)를 변경하여 가장 적합한 형식으로 데이터를 볼 수 있습니다.
● 즉각적인 피드백: 데이터를 다양한 보기(View)로 즉시 변경하여 볼 수 있어, 데이터 입력 및 수정에 대한 즉각적인 피드백을 받을 수 있습니다.

Ⓝ | 표(Table)

표 레이아웃은 행과 열로 구성된 엑셀(스프레드시트) 형태입니다. 각 행을 자체 페이지로 열고, 속성을 지정하고 원하는 콘텐츠를 추가합니다.

◆ 표 편집 메뉴

표 메뉴에는 데이터베이스 제목 표시, 세로선 표시, 모든 열 줄바꿈, 페이지 보기 선택, 페이지 아이콘 표시 등이 있습니다. 세로선 표시는 표 메뉴에만 있는 기능으로, 세로 실선을 보이거나 감출 수 있는 기능입니다.

[데스크톱] 표 오른쪽 상단의 ••• -[보기 설정]-[표]-[레이아웃 표 >]를 클릭합니다.

[모바일 앱] ••• -[레이아웃 표>]-[표]-[세로선 표시]-[완료]를 터치합니다.

◆ 표 여러 행 일괄 편집

데스크톱 표는 여러 행을 동시에 편집할 수 있습니다. 제목 속성 왼쪽에 마우스 오버하면 작은 정사각형 박스가 나타납니다. 체크박스를 클릭하면 전체가 선택되고 메뉴 창이 나타납니다. ••• 아이콘을 클릭해 원하는 속성이나 메뉴를 일괄 편집합니다.

◆ 표 레이아웃 재배치 – 열 이동

데스크톱 표의 1번째 행은 속성의 종류들이 있고, 이 속성의 위치를 드래그하여 이동하면 모든 열의 해당 속성 값도 같이 이동합니다.

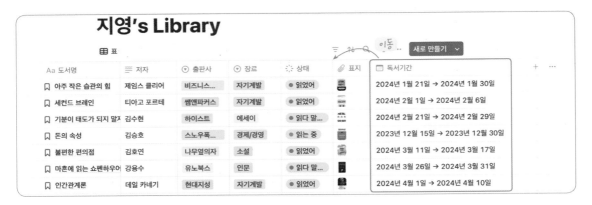

열이 이동된 상태

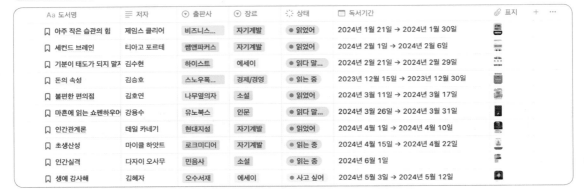

◆ 표 레이아웃 재배치 – 행 이동

데스크톱 표의 페이지는 행으로 되어 있고, 아이콘이나 제목 앞의 ⠿ 블록 핸들 아이콘을 클릭한 후 드래그하여 페이지 위치를 이동할 수 있습니다. 이동 시 파란 실선이 생성되는 위치에 드롭합니다.

행이 이동된 상태

◆ 표 속성 입력 값 계산하는 법

데스크톱 / 모바일앱 표 마지막 행 아래에 마우스 오버하면 계산된 값이 표시됩니다. 속성의 종류에 따라 값을 계산할 수 있고, 행이 추가 삭제될 때마다 반영됩니다. 가능한 계산 중 1개만 표시할 수 있어 필요에 따라 값을 변경하여 사용합니다.

예시 1 상태 속성 계산

상태 속성은 할 일, 진행 중, 완료 3단계 그룹으로 구성되어 그룹 기준으로 계산이 가능합니다. 수는 전체 중 n개, 비율(%)은 전체 중 n%를 표시합니다. 예시는 전체 12개 중 수, 그룹별 개수, 완료(읽다 말았어, 읽었어)의 개수를 표시합니다.

예시

선택 속성

선택 속성은 옵션을 선택하거나 추가하여 입력합니다. 주로 중복 태그값이 많은 경우 사용되는 속성으로, 이미 입력된 태그 기준으로 계산합니다. 예시는 입력된 태그 개수 중 중복 값을 제외한 개수를 표시합니다.

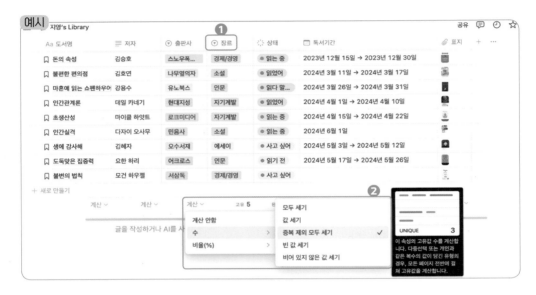

예시 3 **날짜 속성**

날짜 속성은 날짜 기준으로 계산합니다. 예시는 입력한 날짜의 전체 기간을 계산하였고, 총 5.6개월을 계산해 표시합니다.

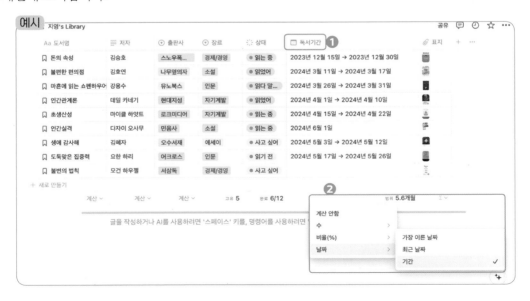

Ⓝ | 보드(Board)

보드 레이아웃은 네모 상자 모양으로 표시되고 이것을 카드라고 합니다. 시각적 보드로, 상태나 단계를 카드 형태로 그룹화 분류하여 작업의 진행 상황을 한눈에 파악할 수 있어 프로젝트 관리에 유용합니다.

◆ 보드 편집 메뉴

보드 메뉴에는 데이터베이스 제목 표시, 카드 미리보기, 카드 크기, 모든 속성 줄바꿈, 그룹화 기준, 열 배경색, 페이지 보기 선택, 페이지 아이콘 표시 등이 있습니다.

데스크톱 [표] 왼쪽 상단의 ➕ -[보드]를 클릭합니다.

모바일 앱 [표 ⌄]-[새 보기]-[보드]를 터치합니다.

◆ 보드 카드 크기와 배경색 변경

카드 크기는 작게, 중간, 크게 3가지로 선택에 따라 가로 폭이 작아집니다. 열 배경색을 활성화하면 태그의 배경색과 동일한 배경색을 태그의 카드 전체 배경으로 변경됩니다.

데스크톱 ··· -[레이아웃]-[보드]를 클릭합니다. 카드 크기와 열 배경색을 변경합니다.

모바일 앱 ··· -[레이아웃]-[보드]를 터치합니다. 카드 크기와 열 배경색을 변경합니다.

  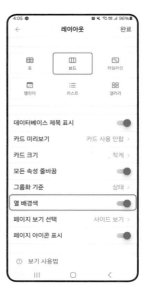 

216

◆ 보드 속성 모두 표시하기 / 모두 숨기기

다양한 레이아웃 보기 중 표 보기는 속성이 모두 표시되지만 보드, 타임라인, 캘린더, 리스트, 갤러리는 제목 속성만 기본 값으로 표시됩니다. 속성의 표시 여부는 보기 설정 메뉴에서 설정 가능합니다.

`데스크톱` ··· -[레이아웃]-[속성]을 클릭합니다. [모두 표시하기]를 클릭하거나, ◉ 아이콘을 클릭 후 원하는 속성 표시 여부를 설정합니다.

`모바일 앱` ··· -[레이아웃]-[속성]을 터치합니다. [모두 표시하기]를 터치하거나, 원하는 속성만 터치해 표시 여부를 설정합니다.

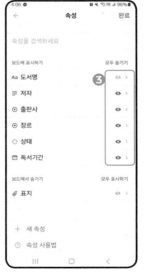

◆ 보드 카드 이동 시 속성 변경

보드 그룹화 기준이 태그 또는 속성 값 기준으로 카드가 나열됩니다. 카드를 이동하면 그룹화 속성 값도 자동으로 변경됩니다.

데스크톱 변경하고자 하는 카드를 선택한 후, 원하는 속성 값으로 드래그하여 이동합니다.

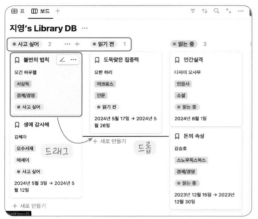

모바일 앱 변경하고자 하는 카드를 손가락으로 꾹 눌러 원하는 속성 값으로 이동합니다.

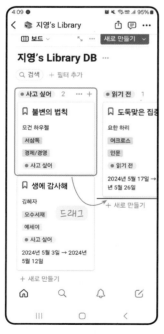

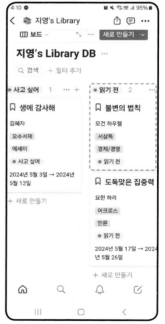

◆ 보드 그룹화 기준 변경

보드 그룹화 시 속성을 기준으로 변경합니다. 보드 속성 중 상태 속성이 있는 경우는 상태 속성이 우선 순위로 그룹화 기준이 됩니다.

데스크톱 ··· -[그룹화]-[그룹화 기준]-[장르]를 클릭합니다. 그룹화 기준이 상태에서 장르로 바뀐 것을 확인합니다.

모바일앱 ⋯ -[그룹화]-[그룹화 기준]-[장르]-[완료]를 터치합니다.

열정 지영

그룹화 기준이 다중 속성이고 카드(페이지)의 다중 속성 값이 2개 이상 태그 값을 가지고 있다면 1개의 같은 카드(페이지)가 여러 개의 태그 그룹에 표시될 수 있습니다.

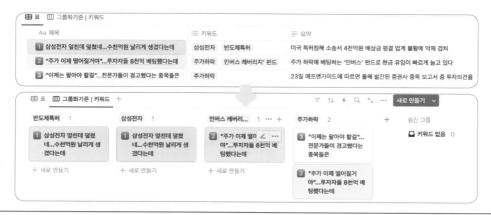

N | 타임라인(Timeline)

타임라인 레이아웃은 시간의 흐름에 따라 데이터를 시각화합니다. 프로젝트 계획과 일정을 체계적으로 시각화하여 전체적인 흐름을 파악하기에 유용합니다.

◆ 타임라인 보기 추가

타임라인 메뉴에는 데이터베이스 제목 표시, 타임라인 표시 기준, 별도의 시작일과 종료일 사용, 표 보기, 페이지 보기 선택, 페이지 보기 선택, 페이지 아이콘 표시 등이 있습니다.

`데스크톱` + -[타임라인]을 클릭합니다.

`모바일 앱` [표]-[새 보기]-[타임라인]을 터치합니다.

◆ 타임라인 표 표시

타임라인은 시간순으로 왼쪽에서 오른쪽으로 표시되고, 왼쪽에 표를 같이 표시합니다.

데스크톱 ⋯ -[레이아웃]-[타임라임]-[표 보기]를 클릭합니다. 모바일 앱은 지원하지 않습니다.

◆ 타임라인 표 속성 표시

타임라인은 표 속성을 표시할 수 있고, 속성 표시가 중복되지 않게 설정 가능합니다. 모바일 앱은 타임라인 속성만 표시됩니다.

데스크톱 ⋯ -[레이아이웃]-[타임라인]-[속성]을 클릭합니다. 속성 창에서 [타임라인]-[표]를 클릭하여 표시하고자 하는 속성을 설정합니다.

타임라인 보기 속성 표시

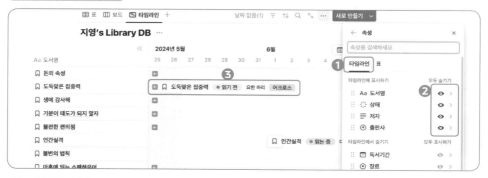

표 보기 속성 표시

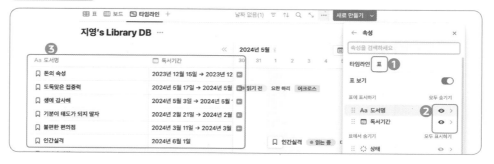

◆ 타임라인 기간 조정

기간 기본 값은 월입니다. 프로젝트에 따라 시간, 일, 주, 2주, 월, 분기, 년 7가지 옵션 중 하나로 설정합니다. 짧은 기간 진행되는 프로젝트는 시간, 일, 주로 설정하고 장기 프로젝트는 분기, 년 설정을 추천합니다.

[데스크톱] 월을 클릭 후 원하는 기간을 클릭합니다.

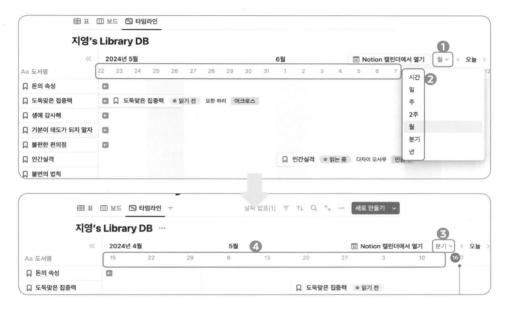

[모바일 앱] 월을 터치하고 원하는 기간을 선택하고 [완료]를 터치합니다.

◆ **타임라인 프로젝트 단위로 기간 조정**

데스크톱 프로젝트 단위 기간 조정은 속성 값을 변경하거나 빠른 실행을 위해 타임라인이 끝나는 라인을 마우스로 클릭한 후 드래그하여 기간을 조정합니다. 모바일 앱은 이 기능을 지원하지 않고 직접 날짜 속성 값을 변경하여 기간을 조정합니다.

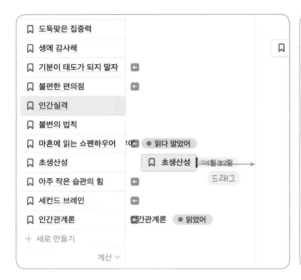 

Ⓝ I 캘린더(Calendar)

캘린더 레이아웃은 날짜 기반의 데이터를 시각화합니다. 시간 기반의 계획 및 일정을 체계적으로 관리하고, 중요한 날짜와 이벤트를 표시합니다. 데스크톱 앱과 모바일 앱에서만 리마인더로 알림이 가능합니다.

◆ **캘린더 보기 추가**

타임라인 메뉴에는 데이터베이스 제목 표시, 페이지 제목 줄바꿈, 캘린더 표시 기준 보기, 캘린더 표시 기준, 주말 표시, 페이지 보기 선택, 페이지 아이콘 표시 등이 있습니다. 캘린더 편집 메뉴 중 데스크톱에만 있는 기능으로 페이지 제목 줄바꿈이 있습니다.

데스크톱 + -[갤린더]를 클릭합니다.
모바일 앱 [타임라인 ⌄]-[새 보기]-[캘린더]를 터치합니다.

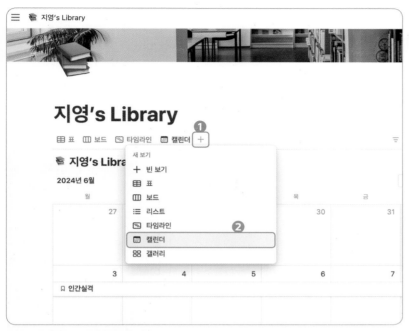

◆ 캘린더 표시 기준 보기

1개의 데이터베이스에 독서기간과 출간일 2개의 날짜 속성에 있다면 캘린더에는 1개의 날짜 속성만 표시합니다. 만약 각각의 날짜 속성을 캘린더로 표시하고 싶다면 캘린더 보기 탭을 각각 생성합니다.

`데스크톱` / `모바일 앱` ··· -[레이아웃]-[캘린더]-[캘린더 표시 기준 보기]를 클릭합니다. 보기 원하는 속성을 선택합니다.

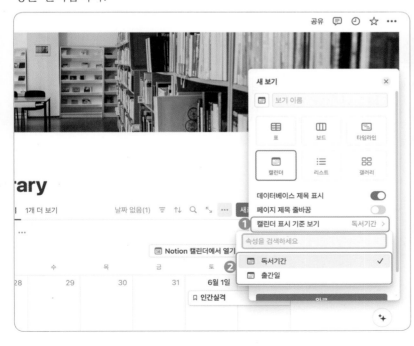

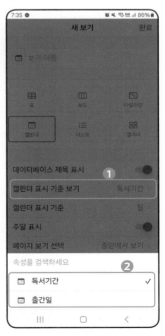

◆ **캘린더 표시 기준**

캘린더는 월과 주로 표시합니다. 전체 일정을 확인하려면 월로 표시하고, 한 주간의 일정이 많다면 주 단위로 표시합니다.

데스크톱 / 모바일 앱 ··· -[레이아웃]-[캘린더]-[캘린더 표시 기준]을 클릭합니다. 보기 원하는 속성을 선택합니다.

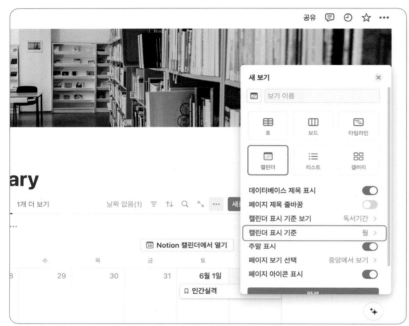 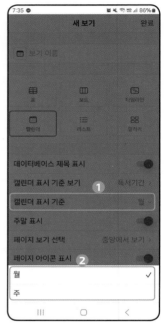

캘린더 보기는 마지막으로 본 날짜가 기록에 남고, 다음에 페이지를 열면 해당 날짜가 속한 달이 표시됩니다. 현재 시점으로 빠르게 오는 방법은 [오늘]을 클릭하면 됩니다. [오늘] 좌우에 있는 ＜ ＞ 를 클릭하면 이전달이나 다음달로 이동합니다. 모바일 앱에서는 일정 개수와 상관없이 1개의 점으로만 표시되고, 상세 일정은 해당 날짜를 터치하면 세부 항목으로 표시합니다.

캘린더 월 표시 기준

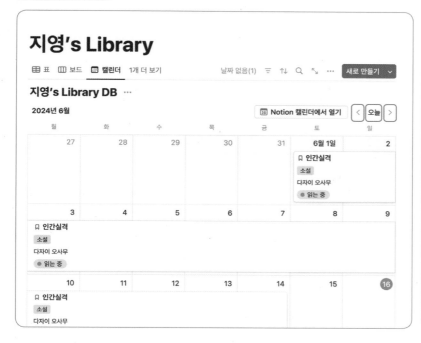

캘린더 주 표시 기준

◆ 캘린더 주말 표시 선택

　캘린더에 주말 표시 여부를 선택할 수 있습니다. 업무와 개인 일정을 1개의 데이터베이스로 관리한다면 뒤에서 배울 링크된(연결된) 데이터베이스나 필터를 이용하여 주말을 다르게 표시할 수 있습니다.

[데스크톱] / [모바일 앱]　… -[레이아웃]-[주말 표시]를 클릭합니다.

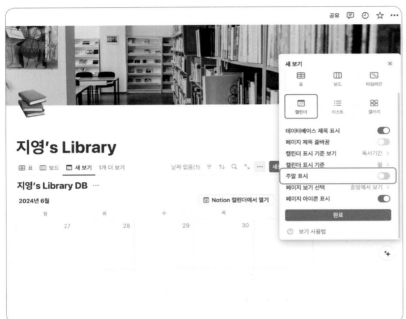

인라인과 전체 페이지에서 다른 월 표시 방법

- 인라인 캘린더는 월 단위로만 일정을 확인할 수 있고, 월 이동은 [오늘] 좌우에 있는 < > 화살표로 이동합니다.
- 전체 페이지 캘린더는 선택한 일정을 시작으로 아래로 스크롤하여 날짜를 이동할 수 있고, 월 사이의 경계 없이 일정을 확인할 수 있습니다(파랑 실선은 5월, 빨간 실선은 6월).

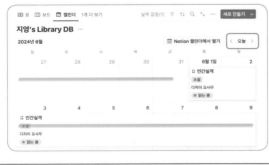
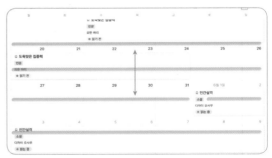

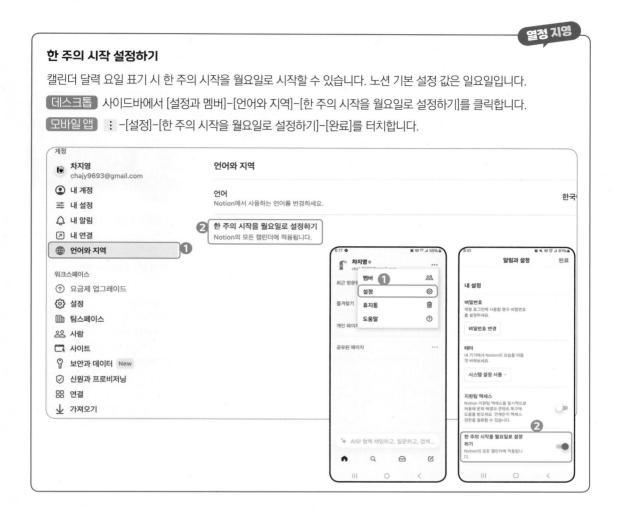

한 주의 시작 설정하기

캘린더 달력 요일 표기 시 한 주의 시작을 월요일로 시작할 수 있습니다. 노션 기본 설정 값은 일요일입니다.

데스크톱 사이드바에서 [설정과 멤버]-[언어와 지역]-[한 주의 시작을 월요일로 설정하기]를 클릭합니다.

모바일 앱 ┇ -[설정]-[한 주의 시작을 월요일로 설정하기]-[완료]를 터치합니다.

Ⓝ | 리스트(List)

리스트 레이아웃은 가로, 세로 경계선이 없이 단순하여 간단한 목록 형태로 나열합니다. 간단한 인터페이스로 주요 정보를 표시하므로 데이터 관리와 편의성이 좋습니다.

◆ 리스트 보기 추가

리스트 메뉴에는 데이터베이스 제목 표시, 페이지 보기 선택, 페이지 아이콘 표시 등이 있습니다. 페이지 보기 선택에는 사이드 보기, 중앙에서 보기, 전체 페이지 보기 등이 있습니다.

데스크톱 ➕ -[리스트]를 클릭합니다.

모바일 앱 [갤러리 ∨]-[새 보기]-[리스트]를 터치합니다.

데스크톱 리스트 레이아웃은 제목 속성 왼쪽 정렬로 표시되고, 그 외 모든 속성은 오른쪽으로 정렬됩니다(표 레이아웃은 속성 위치를 자유롭게 변경 가능).

모바일 앱 제목 속성 아래 열에 표시한 속성이 순서대로 나열됩니다.

📄 | 갤러리(Gallery)

갤러리 레이아웃은 이미지 같은 시각적 구성 요소가 있는 데이터베이스를 표시하는 가장 좋은 방법입니다. 시각적 데이터 관리, 포트폴리오, 빠른 정보 확인할 때 유용합니다.

◆ 갤러리 보기 추가

갤러리 메뉴에는 데이터베이스 제목 표시, 카드 미리보기, 카드 크기, 이미지 맞추기, 모든 속성 줄바꿈, 페이지 보기 선택, 페이지 아이콘 표시 등이 있습니다.

데스크톱 ➕ -[갤러리]를 클릭합니다.
모바일 앱 [갤러리 ⌄]-[새 보기]-[갤러리]를 터치합니다.

◆ 갤러리 카드 미리보기-페이지 콘텐츠

카드 미리보기는 페이지 콘텐츠가 기본 설정 값입니다. 페이지 콘텐츠는 카드(페이지)의 기록할 수 있는 공간으로 이미지, 텍스트 등을 입력하면 카드에 표시됩니다. 카드에 이미지를 표시하기 위해서는 페이지 커버, 페이지 콘텐츠, 표지(파일과 미디어) 중 한 곳을 지정하여 이미지를 저장합니다.

[데스크톱] / [모바일 앱] ··· -[레이아웃]-[카드 미리보기]-[페이지 콘텐츠]를 클릭합니다.

◆ 갤러리 카드 미리 보기-카드 사용 안함

카드 사용 안함은 제목 속성만 표시합니다.

[데스크톱] / [모바일 앱] ··· -[레이아웃]-[카드 미리보기]-[카드 사용 안함]를 클릭합니다.

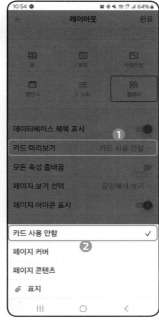

◆ 갤러리 카드 미리 보기-페이지 커버

페이지 커버에 있는 이미지가 표시되고 커버가 비어있다면 연한 회색의 공란으로 표시됩니다.

데스크톱 / 모바일 앱 ••• -[레이아웃]-[카드 미리보기]-[페이지 커버]를 클릭합니다.

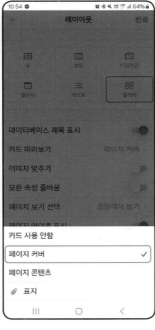

◆ 갤러리 카드 미리 보기-표지

파일과 미디어 속성으로 이미지를 업로드하거나 임베드하면 이미지가 갤러리 보기로 표시됩니다.

데스크톱 / 모바일앱 ···-[레이아웃]-[카드 미리보기]-[표지]를 클릭합니다.

 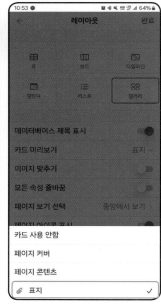 

◆ 갤러리 카드 크기 변경

카드 크기는 데스크톱만 지원하는 기능으로 데스크톱의 환경과 화면 비율에 따라 크기와 한 행의 카드 개수가 다를 수 있습니다. 모바일 앱에서는 행마다 1개의 카드로 표시됩니다.

데스크톱 ···-[레이아웃]-[카드 크기]를 클릭 후, 원하는 크기를 선택합니다.

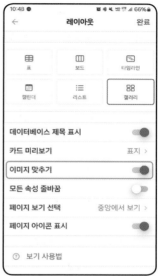

◆ **갤러리 이미지 맞추기**

이미지 크기가 가로, 세로 비율이 비슷하면 이미지 크기 맞추기 기능을 사용하지만, 이미지 크기가 다양하다면 추천하지 않습니다.

데스크톱 / 모바일앱 ⋯ -[레이아웃]-[이미지 맞추기]를 클릭합니다.

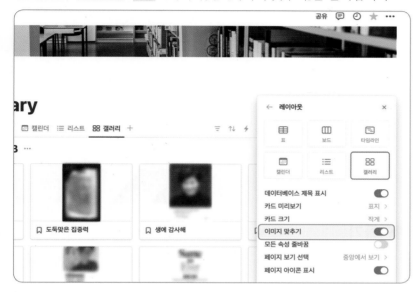

◆ **갤러리 제목 속성 숨기기**

레이아웃 중 유일하게 제목 속성을 숨길 수 있습니다. 속성을 표시하지 않고 이미지로만 정보를 표시합니다.

데스크톱 / 모바일앱 ⋯ -[속성]을 클릭 후, 제목 속성 표시 여부를 설정합니다.

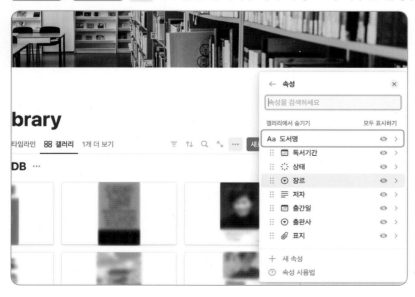

실전 연습 따라하기

| 습관 관리 템플릿에 갤러리 레이아웃 추가하기

01 `데스크톱` **+** –[더 보기]–[갤러리]를 클릭합니다. `모바일 앱` [표 ∨]–[새 보기]–[갤러리]를 터치합니다.

실전 연습 따라하기

02 데스크톱 / 모바일앱 ⋯ -[레이아웃]-[카드 미리보기]-[카드 사용 안함]을 클릭하고 [카드 크기]-[작게]도 클릭합니다. 모바일 앱은 카드 크기 메뉴를 지원하지 않습니다.

03 데스크톱 / 모바일앱 ⋯ -[속성]을 클릭한 후 👁 아이콘을 클릭하여 표시할 속성을 선택합니다. 습관에 관련된 속성만 표시합니다.

04 데스크톱 / 모바일앱 갤러리 보기로 페이지가 생성된 경우 표 보기와 페이지 정렬 순서가 다를 수 있습니다. 이 경우 ⋯ –[정렬]–[Day]를 클릭합니다.

05 데스크톱 / 모바일앱 [오름 차순]을 클릭합니다.

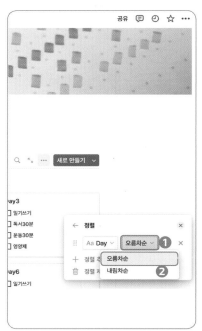

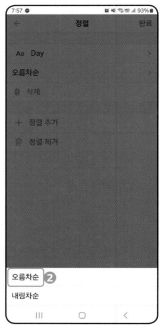

처음 불러오기

데이터베이스에 50개 이상의 페이지가 있는 경우는 50개만 표시해 주고, 나머지는 [더 불러오기]를 클릭하면 추가 50개를 표시됩니다. 50개 페이지 표시가 기본 값으로 설정되어 있으며, ··· -[처음 불러오기]를 클릭하여 불러올 페이지 개수를 설정합니다. 너무 많은 페이지를 표시하는 경우, 모든 데이터를 표시하는 시간이 로딩 걸려 50개 이하만 표시하기를 추천합니다.

| 일정 관리 템플릿에 캘린더 레이아웃 추가하기

01 데스크톱 **+** -[더보기]-[캘린더]를 클릭합니다. 모바일 앱 [표]-[새 보기]-[더 보기]-[캘린더]를 터치합니다.

02 데스크톱 / 모바일 앱 ··· –[속성]을 클릭하고 [구분], [완료] 속성을 선택합니다.

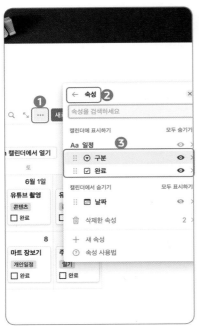

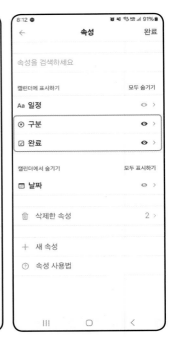

03 데스크톱 일정 추가를 원하는 날짜에 마우스 오버하면 나타나는 ➕ 아이콘을 클릭합니다.

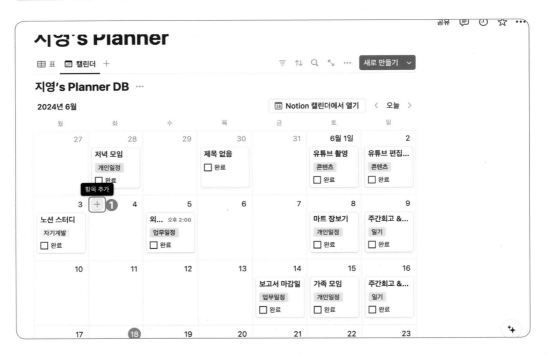

04 모바일 앱 1개 이상의 일정이 있는 날 숫자 아래에 회색 ●으로 표시되고, 일정을 확인하거나 추가하고 싶은 날을 터치한 후, [새 항목]을 터치하여 추가합니다.

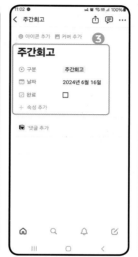

Ⓝ | 도서 목록 템플릿에 갤러리와 보드 레이아웃 추가하기

01 데스크톱 + -[갤러리]를 클릭합니다.
모바일 앱 [표 ∨]-[새 보기]-[캘린더]를 클릭합니다.

데스크톱 / 모바일 앱 ⋯ -[레이아웃]-[카드 미리보기]-[표지]를 클릭하고 [이미지 맞추기]를 클릭합니다. [카드 크기]는 데스크톱에서만 선택 가능하고 [작게]를 클릭합니다.

> **열정 지영**
>
> 전체 레이아웃 중 유일하게 갤러리 보기는 카드 미리보기의 카드 사용 안함 조건을 제외한 페이지 커버, 페이지 콘텐츠, 파일과 미디어 속성 선택 시 이름 속성을 숨길 수 있습니다. 제목을 이미지 정보로 표시할 수 있으므로 상황에 따라 제목 속성의 숨기기 기능을 사용하여 이미지를 돋보이게 할 수 있습니다.

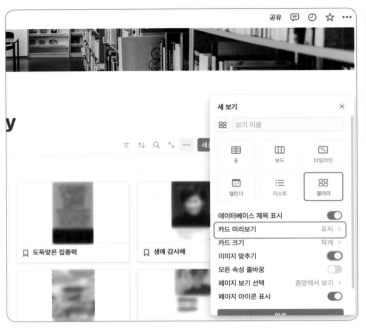

02 `데스크톱` / `모바일 앱` 표시할 속성 정보는 3~5개 정도 선택합니다.

03 데스크톱 / 모바일앱 카드에 표시된 속성 위치를 변경하려면 ··· −[속성]에서 ⠿ 블록 핸들 아이콘을 드래그하여 위치를 이동하여 변경합니다.

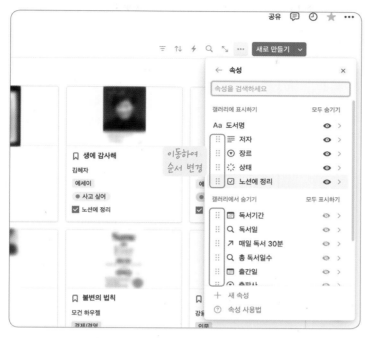 

04 데스크톱 / 모바일앱 보드 레이아웃을 추가하고, 몇 가지 설정을 변경하기 위해 ··· −[레이아웃]−[카드 크기]−[작게]를 클릭 후, [열 배경색]을 활성화합니다.

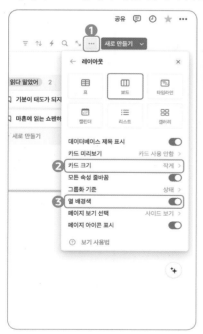  

05 [데스크톱] / [모바일 앱] [보드] 카드에 표시할 속성을 선택합니다.

06 [데스크톱] / [모바일 앱] 보드 속성 선택 완료 후, 보기의 이름을 "보드-상태"로 입력합니다. 보기의 이름을 자신만의 규칙으로 설정하여 데이터베이스를 관리합니다.

실전 연습 따라하기

07 데스크톱 / 모바일 앱 보드 보기가 완성이 되었습니다.

N

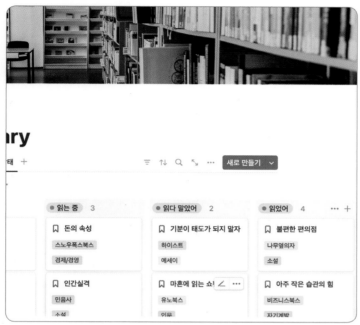

열정 지영

보드 보기의 그룹화 태그가 많은 경우 한 페이지에 모든 내용을 표시할 수 없어 이동 툴바를 좌우로 마우스로 클릭하여 이동합니다. 빠르게 이동하는 단축키는 Shift 를 누른 상태에서 마우스 휠을 이용하여 좌우로 이동합니다.

필터, 정렬

Ⓝ | 필터

 필터는 특정 기준에 해당하는 항목만 표시하는 기능입니다. 특정 속성 값을 포함하거나 포함하지 않는 항목만을 표시합니다.

◆ 필터 방법 1

 지영's Planner 일정 관리 템플릿을 선택한 후, 업무 일정 필터를 적용합니다.

 `데스크톱` 데이터베이스 상단의 ☰ 아이콘을 클릭하고 필터 기준으로 사용할 속성을 선택합니다.

 `모바일앱` [필터 추가]를 터치하고 필터 기준으로 사용할 속성을 터치합니다.

◆ **필터 방법 2**

데스크톱 필터를 하고자 하는 속성 이름을 클릭하면 메뉴 창이 나타납니다. [필터]를 클릭하여 필터하고자 하는 조건 값을 선택합니다.

모바일앱 필터를 하고자 하는 속성 이름을 터치하면 메뉴 화면으로 이동합니다 [필터]를 터치하고 필터하고자 하는 조건 값을 선택 후 [완료]를 터치합니다.

◆ 필터 방법 3

데스크톱 ⋯ -[필터]-[속성]을 클릭 후, 필터하고자 하는 조건 값을 선택하면 바로 필터가 적용됩니다.

모바일앱 ••• -[필터]에서 속성을 선택한 후 선택한 속성을 다시 터치하고, 필터하고자 하는 조건 값을 터치하면 필터가 적용됩니다.

📘 | 정렬

정렬은 데이터베이스 속성 항목을 오름차순 또는 내림차순으로 정렬합니다. 이름과 텍스트 같은 속성은 알파벳순으로 정렬되고, 숫자 속성은 숫자별로 정렬됩니다. 선택 속성과 다중 선택 속성의 경우 사용자가 정렬 순서를 정할 수 있습니다. 1개의 데이터베이스는 1개의 속성만 정렬이 적용됩니다.

정렬-텍스트(알파벳) 오름차순   정렬-숫자 오름차순   정렬-(다중)속성 오름차순 옵션 순서와 동일

4-7 실전 연습 따라하기

📘 I 일정 관리 템플릿에 필터 적용하기

지영's Planner 일정 관리 템플릿의 캘린더 보기 레이아웃을 선택 후, 업무일정에 필터를 적용합니다.

01 [데스크톱] [필터]-[구분]을 클릭 후, 옵션 중 [업무일정]을 클릭합니다.

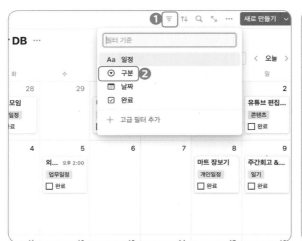

[모바일 앱] [필터 추가]-[구분]-[업무일정]을 터치합니다.

02 데스크톱 / 모바일 앱 [업무일정] 필터 적용 확인 후, 보기 이름을 "업무 일정"으로 입력합니다.

03 데스크톱 / 모바일 앱 [업무일정] 보기를 선택하고 [복제]를 클릭합니다.

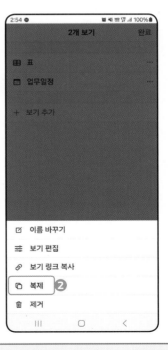

04 데스크톱 / 모바일 앱 복제한 업무일정 캘린더를 선택하고, 보기 이름을 "개인일정"으로 입력하고 [필터]를 클릭합니다.

05 데스크톱 / 모바일 앱 [구분:업무일정]-[개인일정]을 클릭하여 필터에서 업무일정은 취소하고 개인일정을 선택합니다.

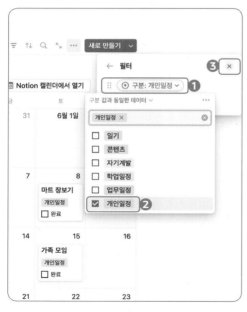

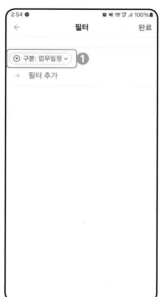

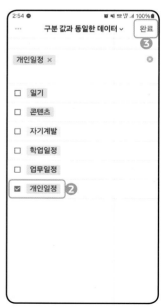

06 데스크톱 / 모바일 앱 업무일정과 개인일정 캘린더 보기 2개를 추가하였습니다.

Ⓝ | 도서 목록 템플릿에 필터 적용하기

지영's Library 도서 목록 템플릿에 필터와 고급 필터를 적용합니다.

01 데스크톱 표 데이터베이스에서 ≡ -[장르]를 클릭합니다. 모바일 앱 표 데이터베이스에서 [필터 추가]-[장르]를 터치합니다.

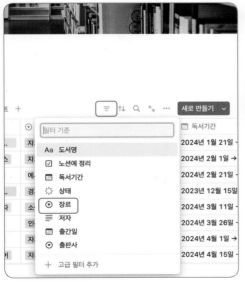

02 데스크톱 / 모바일 앱 장르 속성 값 [자기계발]을 클릭하여 자기계발 도서만 필터합니다.

03 데스크톱 / 모바일 앱 자기계발 도서 중 상태 속성 값이 [완료] 옵션만 필터하기 위해 [필터 추가]-[완료]-[완료]를 클릭합니다.

모바일앱 [+ 필터 추가]-[상태]-[완료]-[완료]를 터치합니다.

열정 지영

☰ 아이콘 사용 방법

필터를 적용하면 보기 탭 아래에 필터나 정렬의 상태가 표시됩니다. ☰ 아이콘을 클릭하면 화면처럼 사라집니다. 다시 ☰ 아이콘을 클릭하면 필터나 정렬의 상태가 나타납니다.

04 데스크톱 / 모바일 앱 독서기간 필터를 추가하고 달력 모양의 메뉴 창이 나타나면 [이번]과 [주] 기본 설정 값을 확인합니다.

05 데스크톱 / 모바일 앱 원하는 날짜를 필터하기 위해 ··· –[고급 필터에 추가]를 클릭합니다.

실전 연습 따라하기

06 데스크톱 / 모바일 앱 오늘 일정만 표시하기 위해 날짜 속성을 ❶~❹ 순서로 선택합니다.

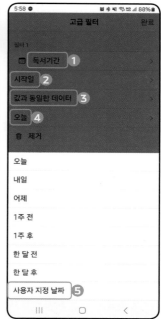

07 데스크톱 / 모바일 앱 특정 날짜 기간 필터는 [사용자 지정 날짜]를 클릭 후, 날짜를 지정합니다.

08 데스크톱 / 모바일 앱 기간을 수동으로 설정하기 위해 [필터 규칙 추가]를 클릭 후, ❷ 항목 순서대로 설정합니다.

09 데스크톱 / 모바일 앱 필터 규칙이 2개가 되어 규칙 2개로 표시되고, 기간으로 필터가 적용됩니다.

실전 연습 따라하기

열정 지영

필터 제거 방법

필터 제거 방법은 제거를 원하는 [필터]를 클릭 후, ••• 아이콘 메뉴에서 [필터 제거]를 클릭합니다.

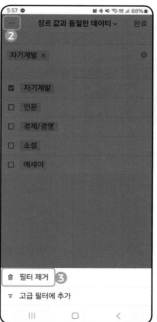

N | 도서 목록 템플릿에 정렬 적용하기

지영's Library 도서 목록 템플릿에서 제목 항목을 정렬합니다

01 [데스크톱] ↕ -[도서명]을 클릭합니다.

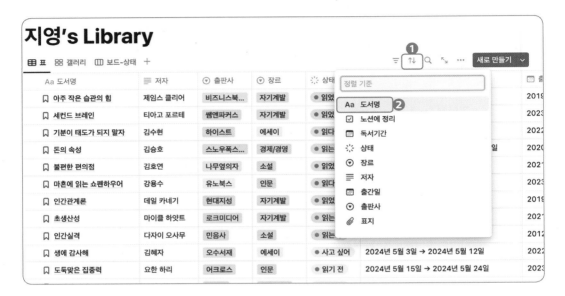

[모바일앱] ··· -[정렬]-[도서명]을 터치합니다.

실전 연습 따라하기

02 데스크톱 / 모바일 앱 오름차순으로 정렬 시 알파벳(가나다)순으로 정렬됩니다. 내림차순으로 변경 시 역 알파벳(역 가나다)순으로 정렬이 변경됩니다.

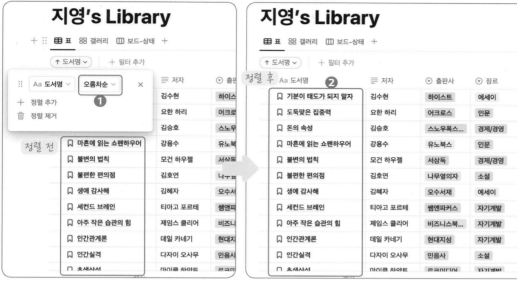

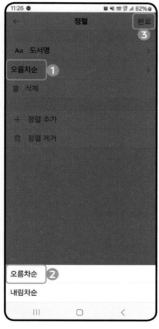

03 [데스크톱] ··· – [속성]에서 ⠿ 블록 핸들 아이콘을 클릭해 원하는 정렬 순서로 이동합니다.

열 고정

데이터베이스가 속성이 많을 경우 한 페이지에서 확인할 수 없고, 좌우로 이동하면서 확인하는 경우가 있습니다. 이 경우는 엑셀에서 열과 행을 고정하듯이 노션에서도 열을 고정할 수 있습니다. 열 고정 시 왼쪽 속성 내용은 고정 표시되고, 오른쪽 속성 내용은 이동하면서 확인할 수 있습니다. 열 고정을 해지하려면 고정했던 방법과 동일하게 속성 제목을 클릭하여 열 고정을 해제합니다. 열 고정 기능은 데스크톱만 가능합니다.

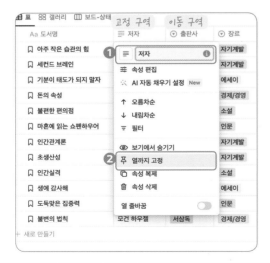

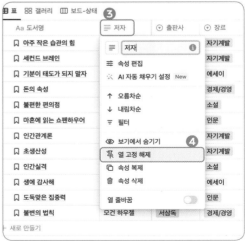

4-8 링크(연결)된 데이터베이스

원본 데이터베이스와 링크된 데이터베이스는 워크스페이스의 다른 위치에서 데이터베이스 콘텐츠를 확인할 수 있습니다. 링크된 데이터베이스를 사용하면 다른 곳에 있는 기존 데이터베이스를 가져와 새로운 보기(View), 필터, 정렬을 적용합니다, 콘텐츠 편집이 양방향으로 가능합니다.

지금까지 실습으로 만든 습관 관리, 일정 관리, 도서 목록 데이터베이스에 대해 링크된 데이터베이스를 적용하여 효과적으로 활용해 봅니다.

N│ 링크된 데이터베이스 생성

지영's Planner 일정 관리 데이터베이스를 선택한 후 링크 복사를 합니다.

01 [데스크톱] 데이터베이스 ⠿ 블록 핸들 아이콘을 클릭 후, [링크 복사]를 클릭합니다.

[모바일 앱] ••• 아이콘을 터치 후, [보기 링크 복사]를 터치합니다.

02 복사한 링크를 지영's Planner 페이지에 붙여넣기 위해 데스크톱 페이지 하단 빈 공간을 클릭하고 Ctrl + C 를 눌러 [연결(링크)된 데이터베이스 보기]를 클릭합니다. 모바일앱 페이지 빈 공간을 꾹 눌러 [붙여넣기]-[연결된 베이터베이스 보기]를 터치합니다.

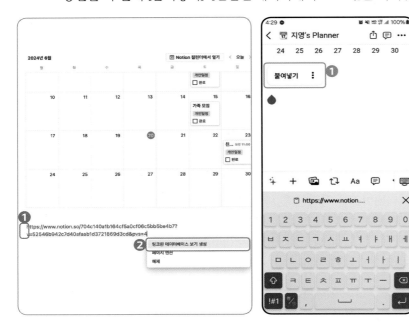
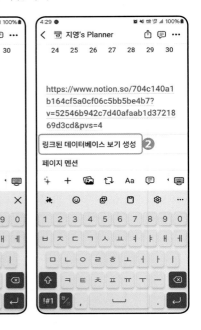

03 캘린더 보기 데이터베이스를 생성하기 위해 데스크톱 / 모바일앱 [새 표 보기]-[캘린더]를 클릭합니다.

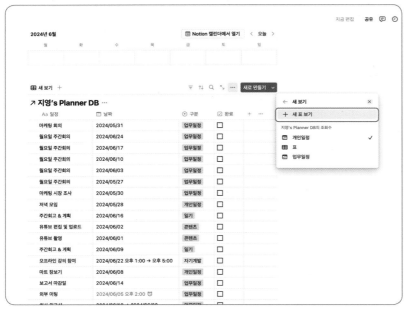

04 추가 링크된 데이터베이스 캘린더 보기의 이름을 변경하기 위해 [데스크톱] / [모바일앱] 추가한
캘린더의 ••• 아이콘을 클릭 후, 보기 이름을 "전체일정"으로 입력합니다.

05 [데스크톱] / [모바일앱] 원본과 링크된 데이터베이스를 구별하는 방법은 데이터베이스 원본 제목
앞에 ↗ 아이콘이 표시됩니다.

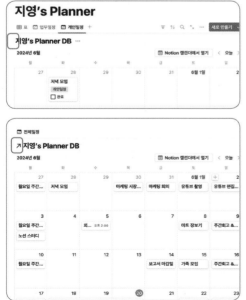

ⓝ | 원본과 링크된 데이터베이스에서 콘텐츠 편집

링크된 데이터베이스에서 일정을 추가(콘텐츠 추가)하면 원본 데이터베이스에 실시간으로 적용됩니다.

01 링크된 데이터베이스 캘린더 날짜에 마우스 오버하여 ➕ 아이콘이 나타나면 클릭해 일정을 추가합니다. 모바일 앱은 링크된 데이터베이스 캘린더 날짜를 터치한 후, [새 항목]에 일정을 추가합니다.

02 반대로 원본 데이터베이스에서 일정 추가(콘텐츠 추가)해도 링크된 데이터베이스에 동시에 입력됩니다.

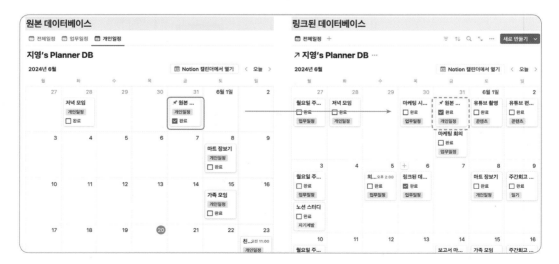

4-9 데이터베이스 템플릿

데이터베이스 템플릿은 이미 만들어진 문서 형식을 복제(복사)하여 반복적으로 입력해야 하는 항목을 일관되게 자동으로 채웁니다. 자주 사용하는 형식을 미리 설정해 두면 일관성을 유지할 수 있어 용도에 따라 동일한 형식을 누구나 쉽게 사용할 수 있습니다. 템플릿에 미리 입력된 속성 옵션과 내용을 통해 반복 작업을 줄일 수 있어 생산성을 200% 올릴 수 있습니다. 1개의 데이터베이스에 여러 개의 데이터베이스 템플릿을 만들 수 있고, 목적에 따라 기본으로 설정, 반복 설정을 할 수 있어 나만의 커스텀 템플릿을 만들 수 있습니다.

N I 데이터베이스 템플릿 생성

지영's Planner 데이터베이스를 활용해 데이터베이스 템플릿를 생성합니다.

01 데스크톱 / 모바일앱 ∨ 아이콘을 클릭 후, [+새 템플릿]을 클릭합니다.

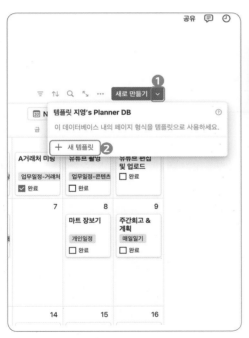

02 데스크톱 편집중인 템플릿 밖을 클릭하거나 키보드 Esc 를 눌러 템플릿 편집을 종료합니다.
모바일앱 < 아이콘을 터치하여 템플릿 편집을 종료합니다.

CHAPTER 04 노션 데이터베이스 267

03 데스크톱 / 모바일 앱 ∨ 아이콘을 클릭하여 데이터베이스 템플릿을 확인합니다.

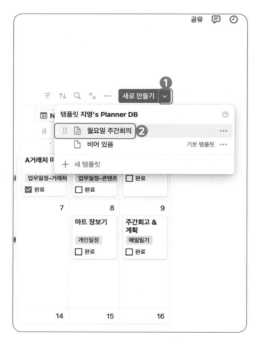

04 데스크톱 원하는 날짜에 마우스 오버하여 ➕ 아이콘이 나타나면 클릭합니다. 모바일앱 날짜
선택 후 [새 항목]을 터치합니다.

05 데스크톱 / 모바일앱 제목 없음 빈 페이지가 나타나고, 하단에 만들어진 '월요일 주간회의' 템
플릿을 확인합니다.

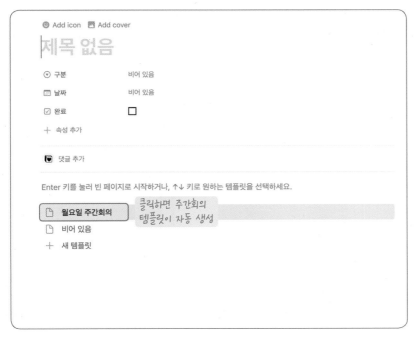 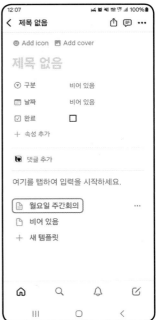

N | 데이터베이스 템플릿 편집

01 [데스크톱] / [모바일앱] '월요일 주간회의' 템플릿 제목 왼쪽의 ⋯ 아이콘을 클릭 후 [편집]을 클릭합니다.

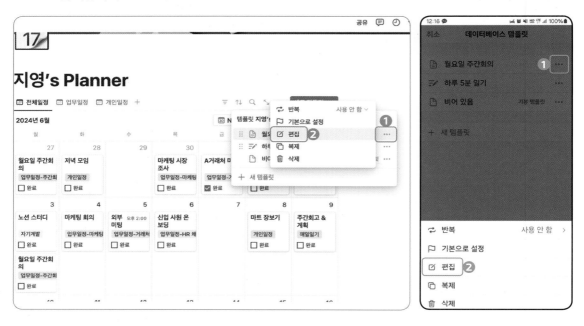

02 [데스크톱] / [모바일앱] '월요일 주간회의' 템플릿의 아이콘과 제목을 수정합니다.

🅝 I 데이터베이스 템플릿 복제

회의록 아젠다는 같고 회의 주체가 다르기에 '월요일 주간회의' 템플릿을 복제하여 편집합니다.

01 데스크톱 / 모바일 앱 복제할 템플릿을 선택하기 위해 ∨ – ••• 아이콘 메뉴를 클릭합니다.

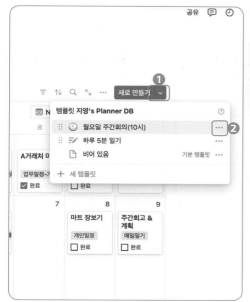

02 데스크톱 / 모바일 앱 [복제]를 클릭합니다.

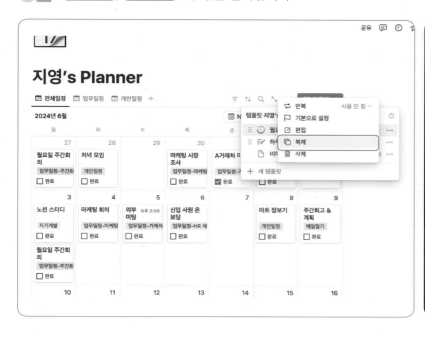

03 데스크톱 / 모바일 앱 복제한 템플릿은 페이지 제목에 (1) 표기가 나타나고, 이것은 1번째 복제를 의미합니다.

04 데스크톱 / 모바일 앱 복제한 템플릿의 내용을 원하는 형식에 맞도록 수정 후, 편집을 완료합니다.

05 데스크톱 / 모바일 앱 ∨ 아이콘을 클릭해 마케팅 회의 템플릿이 추가 되었는지 확인합니다.

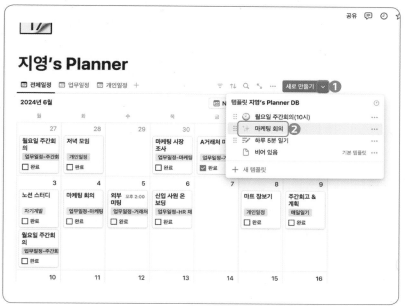

Ⓝ ┃ 데이터베이스 템플릿 기본으로 설정

반복적으로 사용할 데이터베이스 템플릿을 기본으로 설정할 수 있습니다.

01 데스크톱 / 모바일 앱 도서 목록 템플릿에서 독서 기록을 위한 데이터베이스 템플릿을 만들기 위해 도서 목록 데이터베이스 메뉴에서 ∨-[+ 새 템플릿]을 클릭합니다.

02 데스크톱 / 모바일 앱 독서 기록을 위한 아이콘, 제목, 페이지 콘텐츠를 작성합니다.

03 데스크톱 / 모바일 앱 기본으로 설정할 템플릿에서 ⋯ –[기본으로 설정]을 클릭합니다. 팝업 메뉴에서 생성을 원하는 보기 위치를 선택하면 완료됩니다.

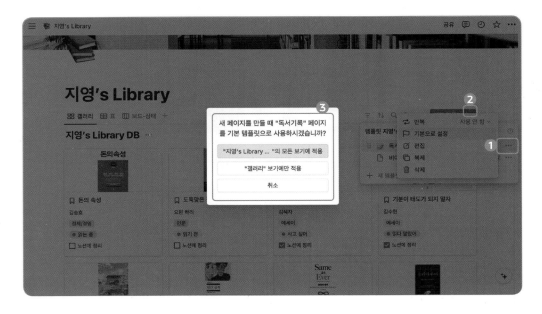

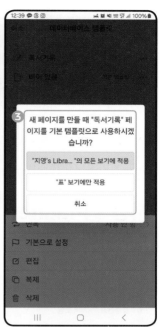

열정 지영

기본 설정 취소 방법

기본 설정을 취소하고 싶다면 템플릿 리스트에 내가 만들지 않은 [비어 있음]이라는 템플릿이 있는데 이 템플릿의 ···
–[기본으로 설정]을 클릭합니다.

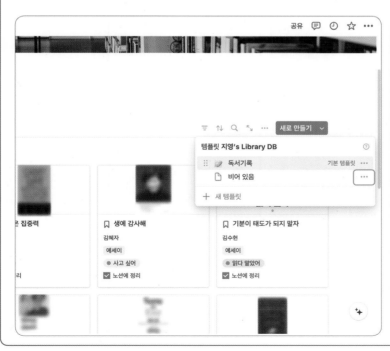

🅽 ┃ 데이터베이스 템플릿 반복 설정

특정 데이터베이스 템플릿을 정해진 일시에 자동으로 생성하고 싶다면 반복 설정을 할 수 있습니다. 예시로 매일일기, 주간회의, 월요일회의. 월말회의 등 매일, 매주, 매월과 같이 주기적 일정을 반복으로 설정하면 시간과 노력을 절약할 수 있으므로 적극 활용을 추천합니다.

01 **데스크톱** / **모바일앱** 반복 설정을 원하는 데이터베이스 템플릿의 ··· -[반복]을 클릭하여 원하는 기간을 선택합니다.

02 [데스크톱] / [모바일 앱] 간격 설정, 요일 선택, 생성 시작 일정 지정, 생성 일시를 선택 후, 저장을 누릅니다.

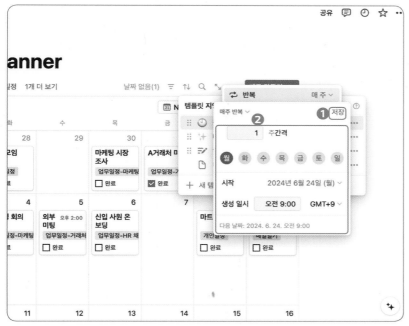

03 [데스크톱] / [모바일 앱] 반복 설정 완료 후, 날짜를 편집하기 위해 [편집]을 클릭합니다.

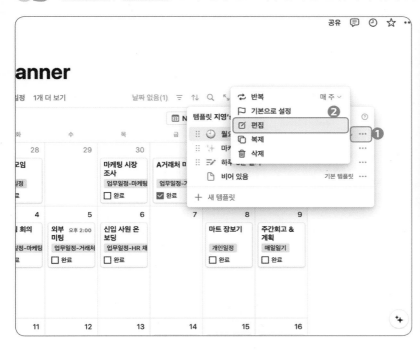
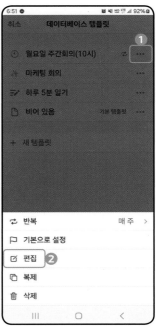

04 데스크톱 / 모바일앱 데이터베이스 템플릿의 날짜 빈 칸을 클릭하고 오늘을 선택합니다. 지금은 복제하는 날짜, 시간, 분이 생성되고 오늘은 복제하는 날짜만 생성됩니다.

05 데스크톱 / 모바일앱 반복이 잘 설정이 되었다면 데이터베이스 템플릿 제목 오른쪽에 파란색 아이콘이 생성됩니다.

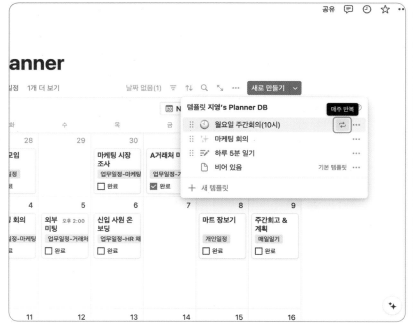

데이터베이스 관계형 및 롤업

📝 | 관계형 데이터베이스

노션에서 하나의 데이터베이스를 다른 데이터베이스와 연결하는 기능입니다. 두 데이터베이스 간의 정보를 서로 연결하여 한 데이터베이스의 항목을 다른 데이터베이스의 항목을 참조하는 기능입니다. 관계형 데이터베이스는 서로 관련된 정보를 효율적으로 관리하고, 데이터 간의 관계를 쉽게 파악할 수 있습니다.

관계형 데이터베이스는 1개 이상의 데이터베이스와 관계를 맺을 수 있고, 2~3개의 데이터베이스와 관계를 맺어 정보를 통합적으로 관리할 수 있습니다. 관계형 데이터베이스는 일방향과 양방향으로 연결할 수 있고, 각 데이터베이스의 제목 속성만 다른 데이터베이스와 관계를 설정할 수 있습니다.

📝 | 롤업

관계형 데이터베이스는 제목 속성끼리만 연결하고 제목 속성의 정보만 가져올 수 있습니다. 롤업은 연결된 데이터베이스 간에 제목 속성을 포함한 모든 속성의 정보를 가져올 수 있습니다. 가져온 정보를 원본으로 표시하거나 체크박스, 숫자, 날짜와 같은 특정 값을 계산할 수 있습니다.

롤업은 관계형이 맺어진 데이터베이스 간에만 사용할 수 있고, 1개의 속성 정보를 여러 개의 롤업으로 다양한 방식으로 계산할 수 있어 초기 설정을 잘해놓으면 데이터 관리에 매우 효과적입니다.

롤업으로 정보를 가져오는 경우 수동으로 변경할 수 없고, 롤업 내용을 수정하고 싶다면 원본의 내용을 수정해야 합니다. 롤업의 내용은 자동으로 수정되고 계산된 속성 값도 변경됩니다.

📝 | 관계형 데이터베이스 생성

매일 하루 30분 습관으로 독서를 효과적으로 하기 위해 도서 목록(지영's Library DB) 템플릿과 관계형을 맺을 수 있는 독서 기록(매일 30분 독서 기록 DB) 템플릿을 만들어 봅니다.

01 독서장소는 제목 속성, 독서날짜는 날짜 속성, 시작페이지와 종료페이지는 숫자 속성, 읽은페이지와 독서시간(분)은 수식 속성을 적용하고 생성 일시, 최종 편집 일시 속성을 선택해 데이터베이스를 생성합니다.

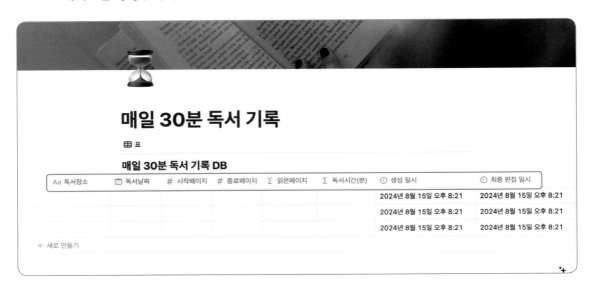

02 속성 이름 [읽은페이지]를 클릭 후, [속성 편집]-[수식]을 클릭합니다.

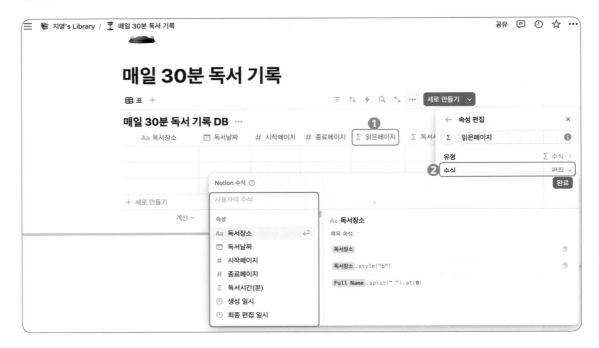

03 읽은페이지 계산을 위해 "종료페이지-시작페이지+1"를 입력하고 [완료]를 클릭합니다. 시작페이지와 종료페이지는 수식 편집 창에 나타난 속성을 클릭하여 선택합니다.

"읽은페이지"에 +1을 더 해 주는 이유는 읽은페이지를 포함하기 위함입니다. 첫 장 페이지를 포함하여 총 10개의 페이지를 읽은 경우 "10-1"이 아닌 "10-1+1"로 계산합니다.

04 속성 이름 [독서시간]을 클릭 후, [속성 편집]-[수식]을 클릭합니다. 수식 입력란에 "be"를 입력하면 나타나는 dateBetween 함수를 클릭합니다.

생성일시는 독서 시작 시 [+새로 만들기]로 페이지를 만든 일시가 자동 입력됩니다. 최종 편집 일시는 독서를 마치고 종료페이지를 입력하면 자동으로 일시가 입력됩니다. 수식 함수 dateBetween을 이용하여 독서시간을 자동 계산합니다.

05 수식 목록 창에서 "dateBetween(최종 편집 일시,생성 일시,"minutes")"를 입력하고 [완료]를 클릭합니다. 최종 편집 일시와 생성 일시는 수식 편집 창에 나타난 속성을 클릭하여 선택합니다.

06 30분 독서 목표 달성률을 표시하기 위해 속성 편집에서 [원형]을 클릭하고, "30"을 입력합니다.

07 생성 일시와 최종 편집 일시에 속성 설명을 추가하기 위해 [생성 일시]를 클릭 후, 메뉴에서 ⓘ 아이콘을 클릭합니다. 나타난 입력란에 내용을 입력합니다. 최종 편집 일시도 같은 방법으로 입력합니다.

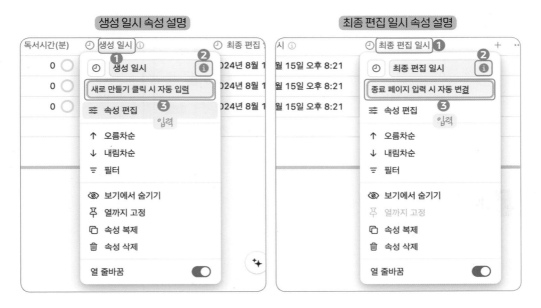

08 관계형 데이터베이스와 롤업 실습을 위해 데이터를 입력해 매일 30분 독서 기록DB를 완성합니다.

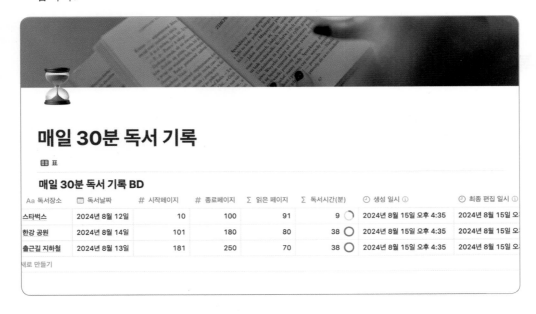

N | 관계형 속성 추가

매일 30분 독서 기록 DB에 관계형 속성을 추가합니다.

01 데스크톱 / 모바일앱 매일 30분 독서 기록 DB에서 + -[관계형]을 클릭합니다.

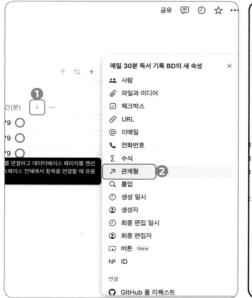

02 데스크톱 / 모바일앱 지영's Library DB와 매일 30분 도서 기록 DB와 관계를 맺기 위해 관계형 대상 [지영's Library DB]를 클릭합니다.

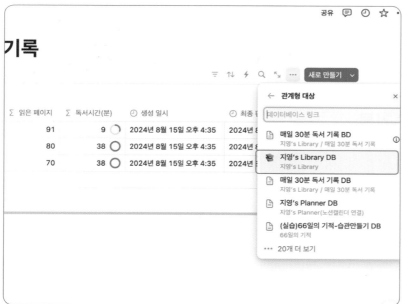

03 데스크톱 / 모바일앱 새 관계형 속성 메뉴 창에서 관계형 대상을 확인하고 관계형을 맺은 후 불러오는 페이지 수는 제한 없음을 확인합니다. 양방향 연결을 위해 [지영's Library DB에 표시]를 활성화합니다.

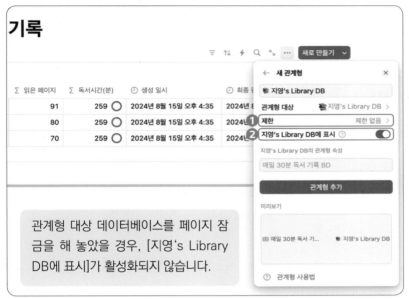

관계형 대상 데이터베이스를 페이지 잠금을 해 놓았을 경우, [지영's Library DB에 표시]가 활성화되지 않습니다.

04 데스크톱 / 모바일앱 관계형 속성 제목을 입력합니다. 하단의 미리보기로 양방향 관계형이 잘 맺어졌는지 확인 후, [관계형 추가]를 클릭합니다.

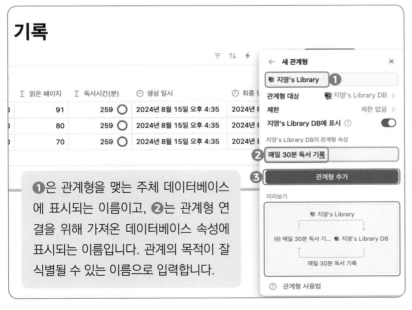

❶은 관계형을 맺는 주체 데이터베이스에 표시되는 이름이고, ❷는 관계형 연결을 위해 가져온 데이터베이스 속성에 표시되는 이름입니다. 관계의 목적이 잘 식별될 수 있는 이름으로 입력합니다.

05 데스크톱 / 모바일앱 매일 30분 독서 기록 DB에 추가된 관계형 속성 제목과 입력한 내용을 다시 확인합니다.

06 데스크톱 / 모바일앱 관계형 속성 빈 칸을 클릭하면 연결한 데이터베이스의 콘텐츠 제목 목록을 확인할 수 있고 이 중 연결을 원하는 제목을 클릭합니다.

07 데스크톱 / 모바일앱 매일 30분 독서 기록 DB에서 지영's Library DB를 연결합니다.

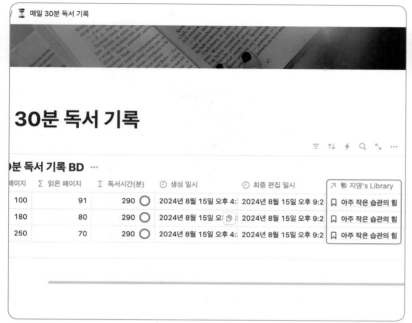

08 데스크톱 / 모바일앱 관계형을 맺은 지영's Library DB에서 추가된 것을 확인합니다.

N | 관계형 표시 옵션

관계형 속성 표시 옵션에는 속성으로 표시, 페이지 섹션으로 표시, 최소화가 있습니다.

01 데스크톱 / 모바일 앱 관계형을 맺은 지영's Library DB 페이지를 열고 [매일 30분 독서 기록]을 클릭합니다.

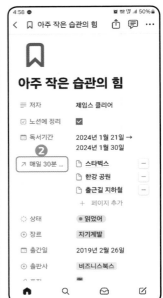

02 데스크톱 / 모바일 앱 [표시 옵션]-[페이지 섹션으로 표시]를 클릭합니다.

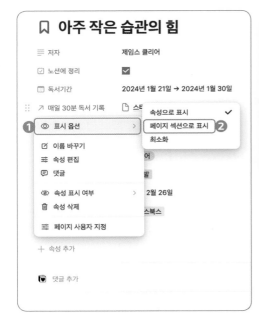
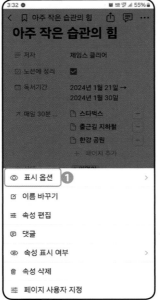

03 데스크톱 / 모바일앱 관계형으로 연결된 매일 30분 독서 기록이 섹션으로 구분되어 표시된 것을 확인합니다.

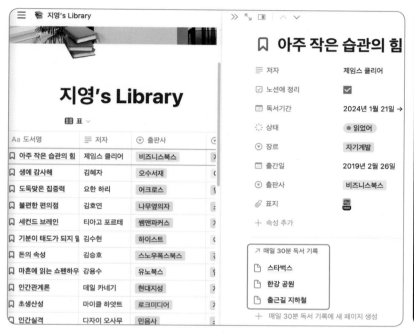

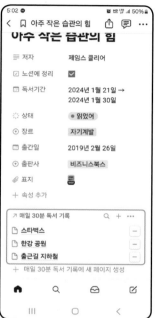

관계형 속성 표시 옵션

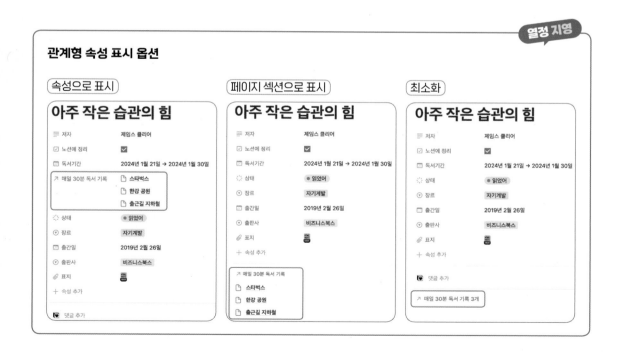

Ⓝ | 롤업 연결

롤업은 데이터베이스가 관계형으로 연결되어 있어야 가능합니다. 관계형을 맺은 두 개의 데이터베이스에 롤업을 이용하여 속성 정보를 표시합니다.

◆ 도서 목록(지영's Library DB) 템플릿 롤업

도서 목록(지영's Library DB) 템플릿에서 독서 기록(매일 30분 독서 기록 DB) 템플릿의 속성 정보를 롤업합니다.

01 `데스크톱` / `모바일 앱` 지영's Library DB에서 **+** -[롤업]을 클릭합니다. 관계형이 맺어진 [매일 30분 독서 기록]을 클릭하고 가져올 속성 정보 [독서시간(분)]을 클릭합니다.

02 데스크톱 / 모바일 앱 [계산]-[원본 표시]를 클릭하고 [추가 옵션]-[평균]을 클릭합니다. [롤업]으로 가져온 독서 시간의 평균 시간을 계산하여 표시합니다.

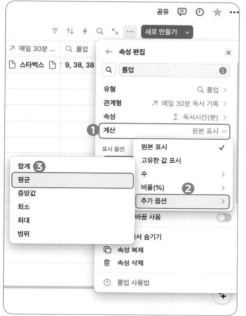  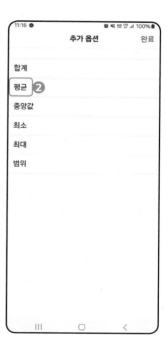

03 데스크톱 / 모바일 앱 속성 제목을 변경하고 속성의 평균값을 확인합니다.

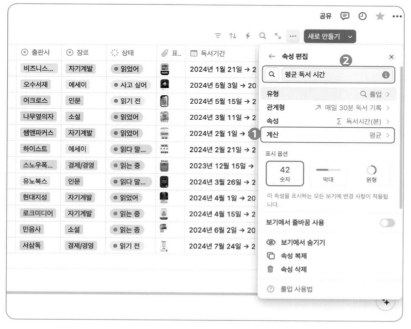 

원본 표시: 속성 값을 나열합니다.

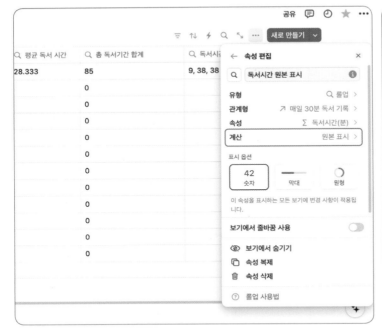

모두 세기: 속성 값의 개수 합계를 표시합니다.

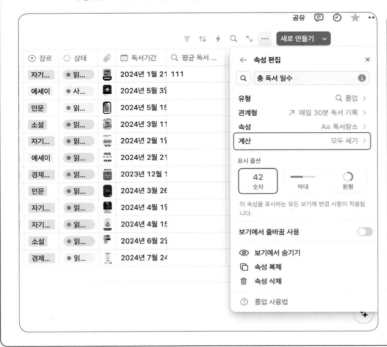

◆ 독서 기록(매일 30분 독서 기록 DB) 템플릿 롤업

독서 기록(매일 30분 독서 기록 DB) 템플릿에서 도서 목록(지영's Library DB) 템플릿의 속성 정보를 롤업합니다.

01 데스크톱 / 모바일앱 매일 30분 독서 기록 DB 메뉴에서 + -[롤업]을 클릭하여 관계형이 맺어진 지영's Library DB에서 가져올 속성 정보 '저자'와 '원본 표시'를 선택합니다. 제목은 "저자"로 입력합니다.

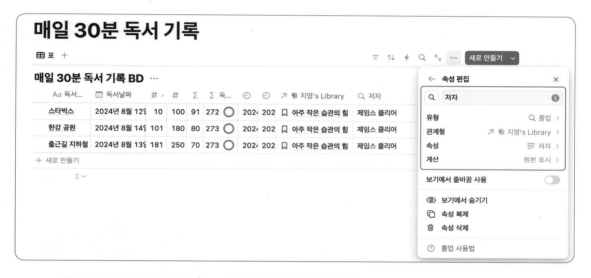

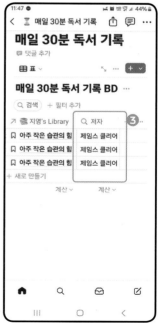

02 독서 기록(매일 30분 독서 기록 DB) 템플릿과 도서 목록(지영's Library DB) 템플릿의 각각 완
성된 롤업을 확인합니다.

독서 기록(매일 30분 독서 기록 DB) 템플릿

도서 목록(지영's Library DB) 템플릿

순서대로 따라는 왔지만 아직도 어렵다면 다시 반복하여 따라해 보면 다른 데이터베이스도 관계형과 롤업으로 구조화
할 수 있으실 것입니다. 데이터베이스 템플릿부터 관계형과 롤업에 수식까지 해냈다면 이제는 노션 중급이상 실력자가
되셨습니다. 그동안 만들어 보고 싶었던 주제의 템플릿이 있다면 바로 이어서 꼭 만들어 봅니다.

롤업 유형

롤업으로 값을 가져와서 계산을 표시할 때 기본, 숫자, 날짜 3가지 유형으로 나눕니다.

표시하고자 하는 값에 맞는 계산식을 선택하거나, 1개의 속성이라도 여러 유형의 값으로 가져올 수 있습니다. 관계형을 맺은 데이터베이스 양방향에서 다양한 형식의 롤업을 추가하고, 각 롤업으로 가져온 속성의 특징별로 계산을 적용해 보시길 추천합니다.

- **기본 계산**
  - 원본 표시: 연결된 모든 페이지를 하나의 셀에 표시합니다. 관계형 속성과 같은 내용을 나타냅니다.
  - 고유한 값 표시: 연결된 모든 페이지의 고유한 속성값을 중복 없이 나타냅니다. 다중 선택이나 사람과 같이 여러 값을 포함할 수 있는 유형의 경우, 모든 페이지에서 고유한 값을 계산합니다.
  - 모두 세기: 빈 페이지를 포함하여 총 페이지 수를 계산합니다.
  - 값 세기: 이 속성에 비어 있지 않은 값의 수를 계산합니다. 다중 선택 또는 개인과 같은 여러 값을 포함할 수 있는 유형의 경우, 각 페이지의 선택된 값의 수를 계산합니다.
  - 중복 제외 모두 세기: 연결된 모든 페이지에서 선택한 속성의 값 개수를 중복 없이 나타냅니다. 다중 선택 또는 개인과 같은 복수의 값이 담긴 유형의 경우, 모든 페이지의 고유값을 계산합니다.
  - 빈 값 세기: 모든 페이지 중 선택한 속성이 비어 있는 페이지의 개수를 계산합니다. 예를 들어, 고객의 구매 품목 중 가격 속성을 롤업했을 때, 1개 품목의 가격이 비어있다면 롤업 열에 1이 나타납니다.
  - 비어 있지 않은 값 세기: 연결된 모든 페이지 중 선택한 속성이 비어 있지 않은 페이지의 개수를 표시합니다.
  - 빈 값 세기(%): 연결된 모든 페이지 중 선택한 속성이 비어 있는 페이지의 개수를 백분율로 표시합니다.
  - 비어 있지 않은 값 세기(%): 연결된 모든 페이지 중 선택한 속성이 비어 있지 않은 페이지의 개수를 백분율로 표시합니다.
- **숫자 속성**
  - 합계: 연결된 숫자 속성값의 합계를 표시합니다.
  - 평균: 연결된 숫자 속성값의 평균을 표시합니다.
  - 중앙값: 연결된 숫자 속성값의 중앙값을 표시합니다.
  - 최소: 연결된 숫자 속성값 중 최솟값을 표시합니다.
  - 최대: 연결된 숫자 속성값 중 최댓값을 표시합니다.
  - 범위: 연결된 숫자 속성값 중 최솟값과 최댓값 사이의 범위를 표시합니다(최댓값-최솟값).
- **날짜 속성**
  - 가장 이른 날짜: 연결된 모든 페이지의 날짜 속성에서 가장 이른 날짜/시간을 표시합니다.
  - 최근 날짜: 연결된 모든 페이지의 날짜 속성에서 가장 최근 날짜/시간을 표시합니다.
  - 날짜 범위: 연결된 모든 페이지의 날짜 속성에서 가장 이른 날짜와 가장 최근 날짜 사이의 기간을 표시합니다.

데이터베이스 차트

새로운 기능으로 데이터베이스 차트 기능이 추가되었습니다. 차트 기능은 데이터베이스를 시각화하여 정보를 보여주는 기능입니다. 차트 유형에는 세로 막대 차트, 가로 막대 차트, 꺾은선 차트, 도넛 차트가 있습니다. 차트 기능은 무료 요금제 사용자의 경우 워크스페이스당 1개만 사용할 수 있습니다.

데이터베이스 차트 추가 방법

방법 1 데이터베이스 보기 추가

시각화하고 싶은 데이터베이스에서 ➕ -[차트]를 클릭하고, 차트 유형에서 [세로형 막대]를 클릭합니다.

방법 2 차트 블록 추가

"/차트" 입력 후 목록에서 원하는 차트 유형을 선택하고, [+ 새 차트]로 생성하거나 기존의 데이터베이스를 연결합니다.

데이터베이스 차트 유형 4가지

차트는 X축과 Y축으로 구성되어 있고 차트를 생성하면 각각의 X축과 Y축의 표시 대상이 표시됩니다. 상태 속성이 있는 데이터베이스에 차트를 추가하면 상태 속성이 기본 값으로 표시됩니다. X축과 Y축 구성은 막대 차트와 꺾은선 차트에서만 사용할 수 있고 롤업, 버튼, 고유 ID, 파일과 미디어, 출력 목록을 생성하는 수식 등은 표시할 수 없습니다.

• 세로형 막대 차트

  세로 막대 차트를 생성하면 X축 표시 대상이 기본 값으로 표시되고 Y축 표시 대상은 수로 표시됩니다.

그룹화 없음 설정 상태

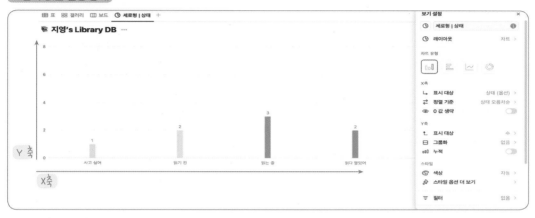

• 가로형 막대 차트

  가로형 막대 차트를 생성하면 Y축 표시 대상이 기본 값으로 표시되고, X축 표시 대상은 수로 표시됩니다.

그룹화 없음 설정 상태

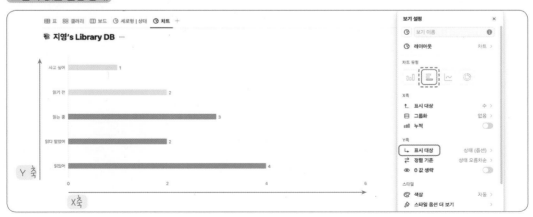

- 꺾은선 차트

  꺾은선 차트는 X축 정보만 표시하기를 추천합니다. Y축 그룹화 대상을 추가하는 경우 선 차트 정보를 보기 구분하기
  어렵습니다. 스타일 옵션을 설정으로 꺾은선 차트 시각화를 최적화할 수 있습니다.

  X축 표시 대상을 독서기간-월별로 설정한 상태

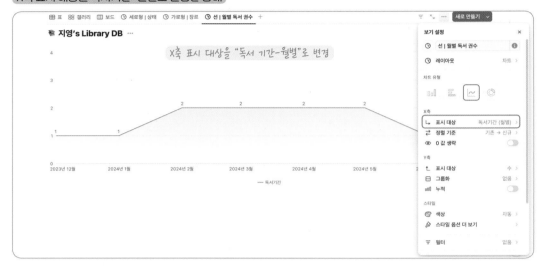

- 도넛 차트

  도넛 차트는 X축과 Y축이 없고 백분율 기준으로 각 데이터가 차지하는 비율을 표시합니다. 스타일 옵션을 설정으로
  도넛 차트 시각화를 최적화할 수 있습니다.

  기본 표시 상태

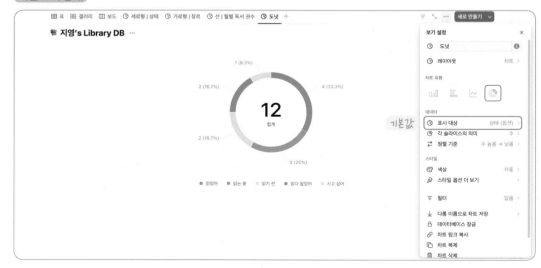

298

CHAPTER 05

템플릿 페이지 복제 & 이동

노션 공식 홈페이지에 방문하면 템플릿 갤러리에 25,000여 종의 템플릿이 있습니다.

6개의 카테고리로 분류되어 있어 관심사나 업무와 관련된 템플릿을 찾을 수 있습니다. 노션 홈페이지에 누구나 템플릿을 등록할 수 있고, 전 세계의 다양한 주제의 템플릿을 확인할 수 있으며, 추천 템플릿을 볼 수 있습니다. 무료 템플릿은 자유롭게 다운받아 이용할 수 있습니다.

5-1 템플릿 페이지 복제

🅽 | 워크스페이스로 가져오기 방법 1

사이드바의 [홈]을 클릭하여 페이지 하단의 추천 템플릿에서 선택하거나, ••• 아이콘 메뉴에서 [더 많은 템플릿 둘러보기]를 클릭하여 주제와 스타일에 적합한 템플릿을 가져옵니다.

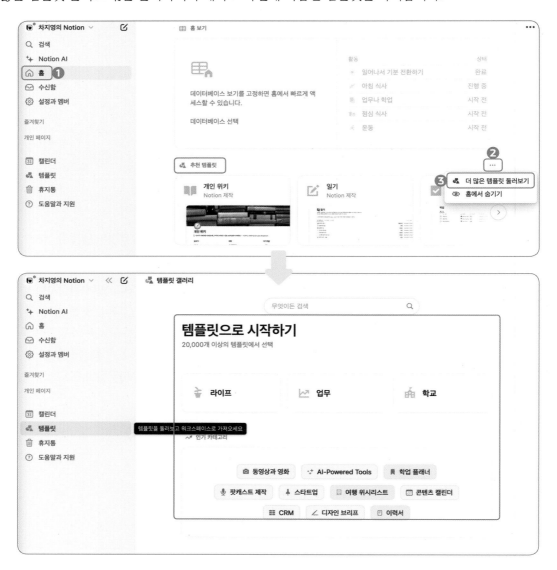

N | 워크스페이스로 가져오기 방법 2

사이드바의 [템플릿]을 클릭 후 [내 워크스페이스에 추가]-[개인 페이지에 추가]를 클릭하거나, [미리보기]로 템플릿을 둘러본 후 [내 워크스페이스에 추가]-[개인 페이지에 추가]를 클릭하여 주제와 스타일에 적합한 템플릿을 가져옵니다.

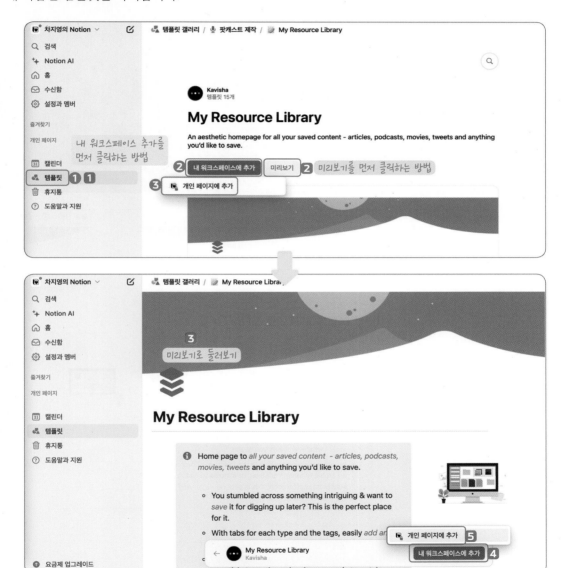

내 워크스페이스의 개인 페이지 섹션에 추가된 템플릿이 보이고 템플릿 페이지 오른쪽 상단에 공유가 보인다면 템플릿 복제가 완료된 것입니다.

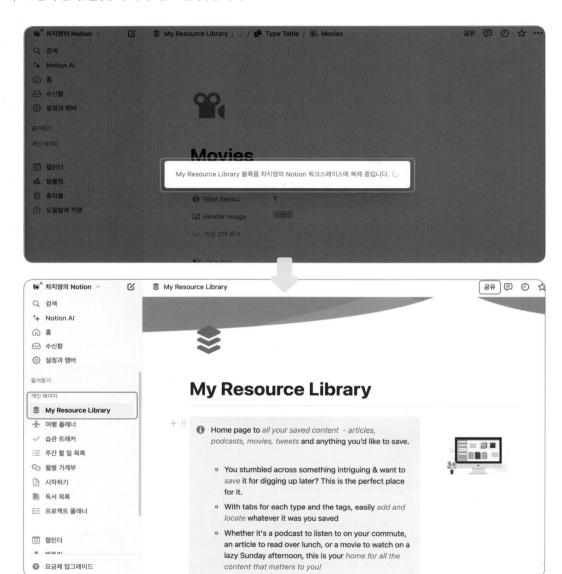

워크스페이스 내에서 페이지 이동

5-2

워크스페이스 내에서 페이지를 이동하는 방법은 옮기기와 드래그 앤 드롭이 있습니다.

📄 I 페이지 ⋯ 아이콘 메뉴를 이용해 옮기기

01 워크스페이스 내에서 이동하는 방법으로 페이지 오른쪽 상단의 ⋯ 아이콘을 클릭 후, 메뉴에서 [옮기기]를 클릭합니다.

02 이동하고자 하는 페이지를 선택하거나 검색합니다.

03 페이지가 원하는 위치에 이동이 잘 되었는지 확인을 위해 페이지 왼쪽 상단 이동 경로와 상위 페이지를 클릭하여 확인합니다.

Ⓝ | 페이지 블록 핸들 아이콘 메뉴를 이용해 옮기기

01 페이지의 ⠿ 블록 핸들 아이콘을 클릭 후, 메뉴에서 [옮기기]를 클릭합니다.

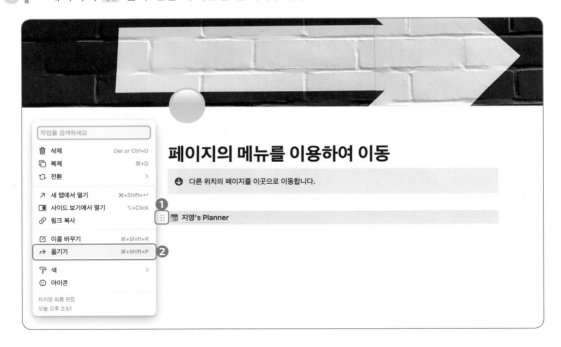

02 이동하고자 하는 페이지를 선택하거나 검색합니다.

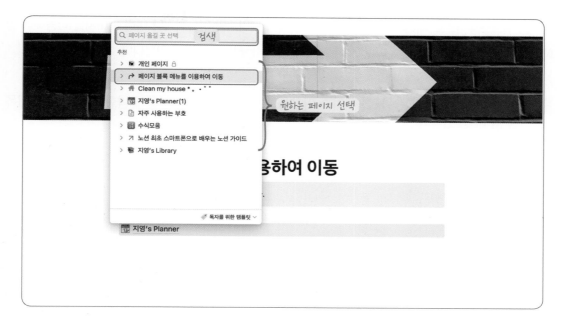

03 페이지가 원하는 위치에 이동이 잘 되었는지 확인을 위해 페이지 왼쪽 상단 이동 경로와 상위 페이지를 클릭하여 확인합니다.

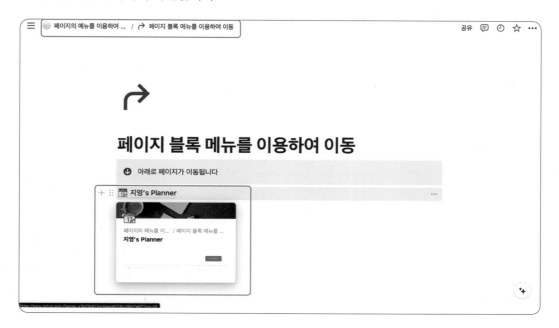

5-3 다른 워크스페이스로 페이지 이동(복제)

다른 워크스페이스로 페이지를 이동할 경우, 한 개의 페이지만 이동하거나 여러 페이지를 이동해야 할 때가 있습니다. 여러 페이지를 한꺼번에 다른 페이지로 이동하는 방법을 알아봅니다.

01 이동할 페이지가 있는 워크스페이스 이름을 확인하고 ✍ 아이콘을 클릭합니다. 페이지 제목을 입력 후, 이동할 페이지를 모두 드래그하여 이동합니다.

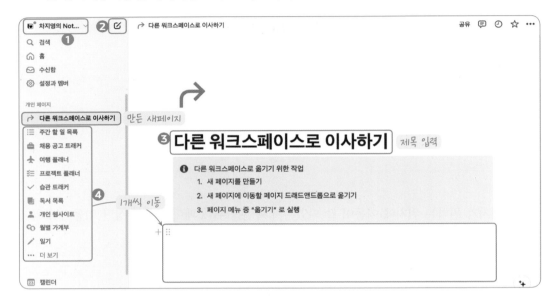

02 페이지 이동이 완료되면 ••• -[옮기기]를 클릭합니다.

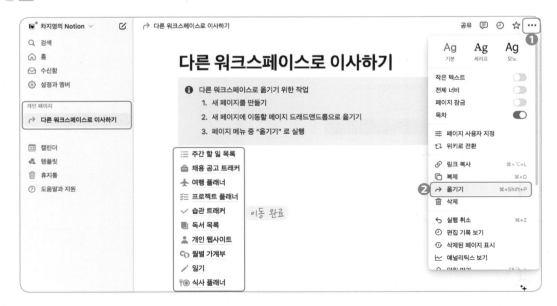

03 워크스페이스를 선택 후 [개인 페이지]를 클릭합니다. 페이지를 선택하여 이동하면 하위 페이지로 이동이 되고, 개인 페이지를 선택하면 워크스페이스의 첫 페이지로 이동됩니다.

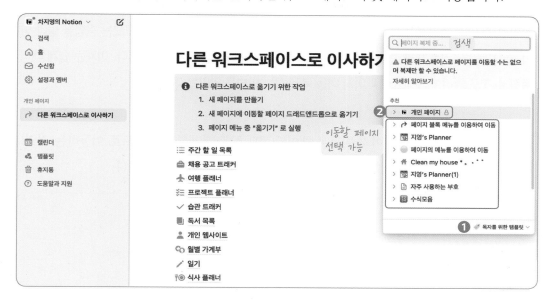

04 안내 메시지가 나타나면 확인 후 [복제하기]를 클릭합니다. 선택한 워크스페이스에 복제된 페이지를 확인합니다.

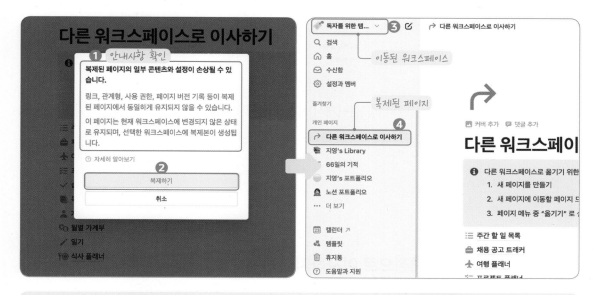

이동과 복제의 차이점은 이동은 위치가 바뀌는 것이고 복제는 원본은 그래도 유지되고 사본으로 복제되는 것입니다.

다른 계정으로 페이지 이동(복제)

5-4

노션을 이전에 잠깐 사용하였으나 오랫동안 휴면 상태에서 다시 시작할 때 다른 계정으로 새로 가입하는 경우가 종종 있어 여기저기 자료가 흩어져 있게 됩니다. 이런 자료를 한 계정에 모으는 방법을 몰라 방치하거나 복사/붙여넣기를 통해 번거로운 작업으로 자료를 옮긴 경험이 있을 것입니다. 이제는 쉽게 페이지를 이동할 수 있도록 다른 계정으로 페이지 이동(복제)하는 방법을 알아봅니다.

01 나의 다른 계정으로 페이지 이동은 페이지(콘텐츠)를 복제하는 방법으로 이동하는 것입니다. [다른 계정 추가]를 클릭하여 이동할 페이지가 있는 계정에 로그인합니다.

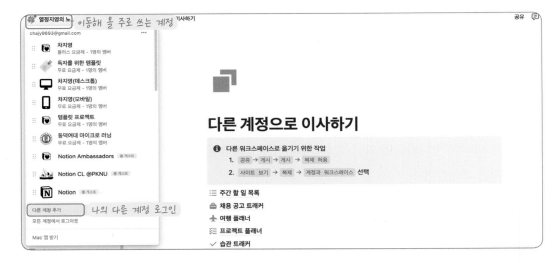

02 이동할 페이지 계정 상단의 [공유]-[게시]-[게시]를 클릭합니다.

03 [사이트 사용자 지정]- ⋯ -[템플릿으로 복제]를 클릭하여 활성화한 후, [변경 사항 게시]-[사이트 보기]를 클릭합니다.

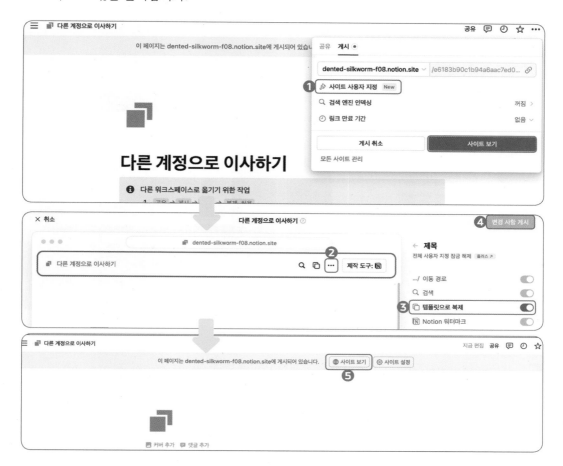

04 공유 게시된 페이지 오른쪽 상단에 🗐 아이콘을 클릭합니다.

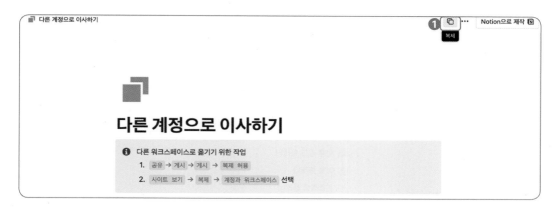

05 로그인 창이 나타나면 이동할 계정으로 로그인하고, 로그인 상태인 경우는 이동할 계정의 워크
스페이스를 선택 후 [개인 페이지에 추가]를 클릭합니다.

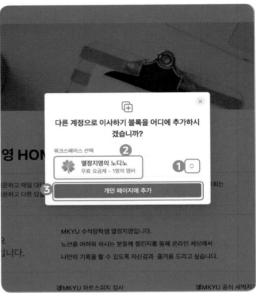

06 이동이 완료되면 페이지 상단에 워크스페이스와 페이지 제목을 확인할 수 있습니다.

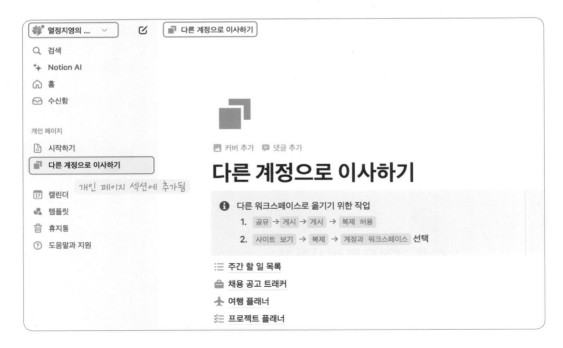

CHAPTER 06

노션 캘린더

Notion 캘린더는 한 곳에서 개인 일정과 업무 일정을 보고 관리할 수 있는 무료 툴입니다.

노션 캘린더의 특징은 일정과 시간 관리를 쉽고 간편하게 할 수 있습니다.
Notion 캘린더에서 여러 개의 데이터베이스 일정을 한눈에 확인할 수 있어 시간과 일정을 효율적으로 관리할 수 있으며 구글 캘린더의 일정까지 통합으로 관리할 수 있습니다.

쉬운 화면 구성으로 사용하기 편리합니다.
Notion 캘린더의 메뉴와 기능을 어렵지 않게 익힐 수 있고 직관적인 사용법으로 빠르게 일정을 입력하고 편집할 수 있습니다.

오늘의 일정 계획을 노션 캘린더에서 타임트래커로 하루를 시작할 수 있습니다.
Notion 캘린더로 데이터베이스나 구글 캘린더에 시간 계획용을 추가하여 오늘의 일정을 계획하고 진행 상황을 관리할 수 있어 체계적인 시간 관리를 할 수 있습니다.

노션 캘린더 다운로드 및 계정 생성

노션 캘린더 앱을 다운로드하여 설치한 후, 구글 계정으로 로그인합니다. 노션 캘린더는 무료 사용이 가능하고, 데스크톱 앱에서는 Mac OS와 Windows OS에서, 모바일 앱은 Apple App Store나 Google Play Store에서 다운로드할 수 있습니다.

이 책은 Mac OS에서 노션 화면을 캡처하였으며, Windows OS와 메뉴 버튼 위치가 다를 수 있으나 대부분의 기능은 동일하게 제공됩니다.

Ⓝ | 노션 캘린더 앱 다운로드

01 노션 공식 홈페이지에서 [다운로드]-[Notion 캘린더]를 클릭 후, [Mac용 다운로드] 또는 [Windows용 다운로드]를 클릭합니다.

노션을 크롬 브라우저로 로그인하였다면 노션이 자동으로 로그인되어 노션 공식 홈페이지 첫 화면이 보이지 않습니다. 이 경우 내 워크스페이스 계정을 로그아웃하면 노션 공식 홈페이지 첫 화면을 확인할 수 있습니다.

02 Mac용 또는 Windows용 다운로드 경로를 확인 후 다운로드합니다.

03 다운로드 파일을 클릭하여 노션 캘린더를 설치하고 Google 계정으로 로그인합니다. 체크박스를 모두 선택하고 Google 계정에 대한 액세스를 허용 후 [계속]을 클릭합니다.

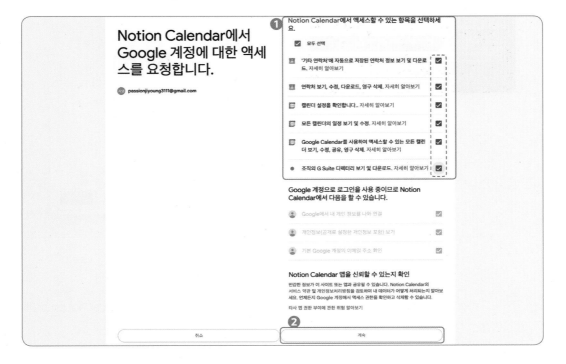

04 노션 캘린더에 가입할 구글 계정을 선택 후 [계속]을 클릭합니다.

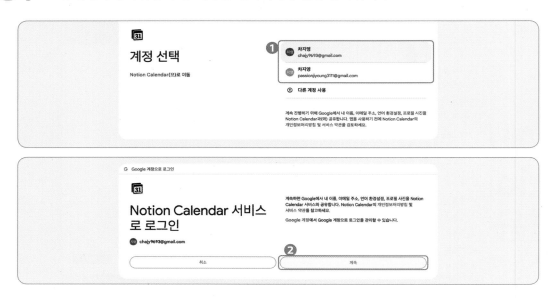

05 [Notion calendar 열기]를 클릭합니다. 노션 캘린더 앱이 열리면 [시작하기]를 눌러 노션 캘린더를 시작합니다.

노션 워크스페이스 사이드바의 [캘린더] 메뉴를 클릭하면 웹에서 열리는데 [☐ 항상 calendar.notion.so에서 연결된 앱에 있는 이 유형의 링크를 열도록 허용]을 체크하면 노션 캘린더 앱에서 항상 열립니다.

노션 캘린더 5단계 설정 및 데이터베이스 연결

노션 캘린더를 구글 캘린더와 노션 워크스페이스에 연결하여 사용할 수 있습니다.

01 노션 캘린더 상단 프로필 로고를 클릭한 후 [설정]을 클릭합니다.

02 노션 워크스페이스 추가를 위해 API 통합의 [Notion]-[연결]을 클릭합니다.

캘린더 설정의 메뉴 모음

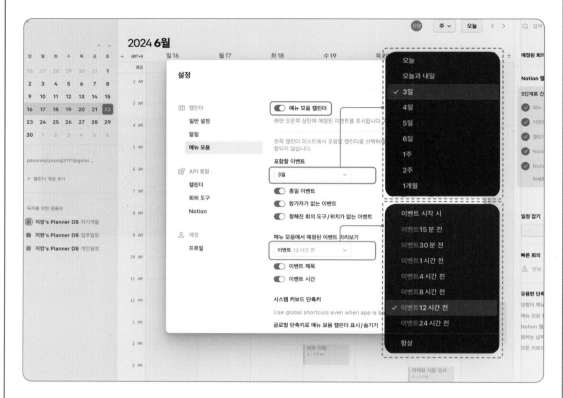

- 포함할 이벤트: 오늘, 오늘과 내일, 3일, 4일, 5일, 6일, 1주, 2주, 1개월 중 선택하여 표시합니다.

- 이벤트 종류: 종일 이벤트, 참가자가 없는 이벤트, 정해진 회의 도구/위치가 없는 이벤트를 각각 선택적으로 표시할 수 있습니다.

- 메뉴 모음에서 예정된 이벤트 미리보기: 이벤트가 다가오는 남은 시간을 표시합니다. 옵션은 15분 전, 30분 전, 1시간 전, 4시간 전, 8시간 전, 12시간 전, 24시간 전, 항상 중 선택할 수 있습니다(Mac OS만 제공).

03 노션 캘린더는 노션 계정과 연결이 되고, 계정과 워크스페이스를 선택 후 [엑세스 허용]을 클릭합니다.

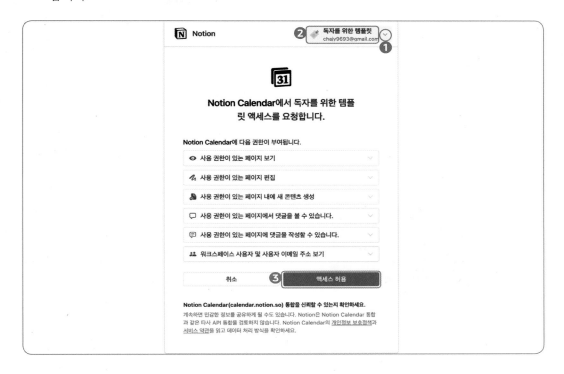

04 연결한 노션 워크스페이스 제목이 표시되고, 필요에 따라 다른 워크스페이스를 추가할 수 있습니다.

05 노션 워크스페이스가 연결되면 랜덤으로 데이터베이스가 연결됩니다. 데이터베이스 제목을 클릭하고 마우스 오른쪽 버튼을 눌러 [리스트에서 캘린더 제거]를 클릭하여 제거합니다.

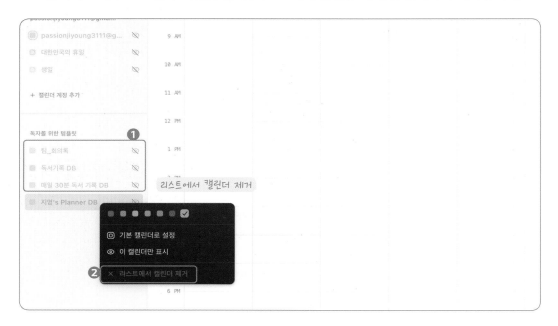

06 노션 캘린더에 연결된 워크스페이스 이름 아래의 [+Notion 데이터베이스 추가]를 클릭합니다.

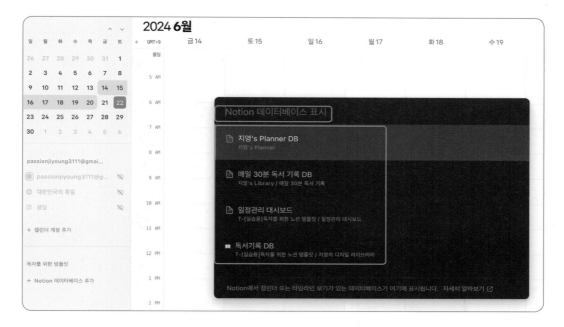

07 노션 캘린더에 표시할 데이터베이스를 검색해 선택하거나 목록에서 선택합니다.

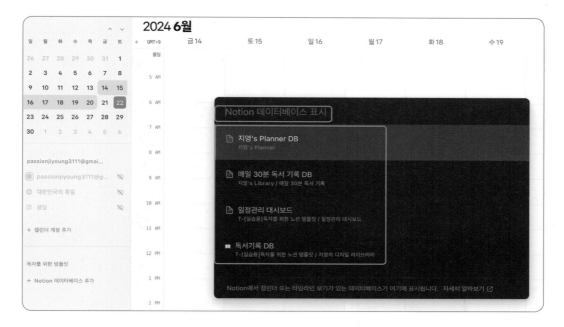

08 선택한 노션 데이터베이스 중 캘린더 보기와 타임라인 보기 목록만 나타나고, 연결을 원하는 데이터베이스 보기를 선택합니다.

이 단계는 데이터베이스 보기에 따라 나타나지 않을 수 있음

09 추가된 데이터베이스 목록의 표시 색이 중복될 경우, 워크스페이스 제목에서 마우스 오른쪽 클릭 후 7가지 색상 중 선택하여 변경 가능합니다.

10 설정이 완료된 데이터베이스는 노션 캘린더에 표시할 색상, 데이터베이스 이름, 보기 이름 순으로 표시됩니다.

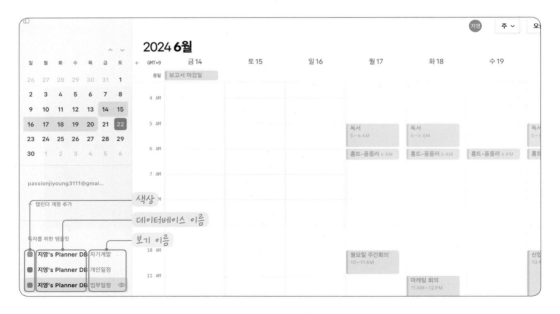

◆ 노션 워크스페이스에서 노션 캘린더 연결하기

노션 레이아웃 중 캘린더 보기와 타임라인 보기만 노션 캘린더에서 연결할 수 있습니다. 노션 캘린더에서 관리하고 싶은 데이터베이스에서 [Notion 캘린더에서 열기]를 클릭하면 자동 로그인 된 경우는 바로 연결되고, 로그인 되어 있지 않을 경우 구글 계정으로 로그인합니다.

6-3 노션 캘린더 화면 메뉴 설정

N | 노션 캘린더 화면 구성

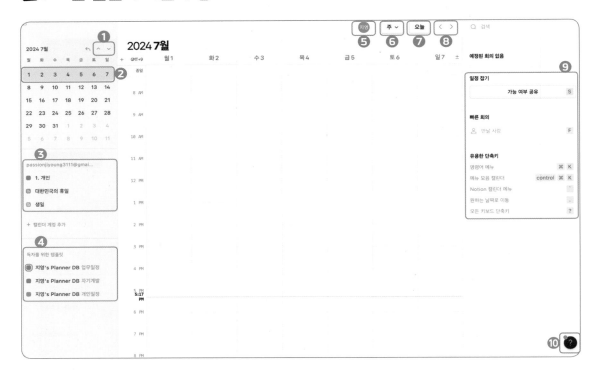

❶ 위 아래로 월(month)을 이동합니다.

❷ 현재 캘린더 위치를 표시해 줍니다.

❸ 노션 캘린더에 연결된 구글 캘린더가 표시됩니다.

❹ 노션 캘린더에 연결된 노션 워크스페이스와 데이터베이스가 표시됩니다.

❺ 노션 캘린더 프로필로 명령어 메뉴, 설정, 캘린더 계정 관리 및 로그아웃이 가능합니다.

❻ 노션 캘린더 보기의 표시 일 수를 변경할 수 있습니다.

❼ 캘린더가 다른 날이나 달에 있는 경우, 오늘을 포함한 날과 달로 이동합니다.

❽ 표시한 일 수 기준으로 이전, 이후로 이동합니다(4일 표시하면 4일씩 이전과 이후로 이동합니다).

❾ 이벤트 편집 창으로 이벤트(일정)가 없는 경우 기본 메뉴만 보이고, 구글 계정과 노션 계정에 따라 편집 창 메뉴가
달라집니다.

❿ 노션 캘린더 도움말과 리소스로 노션 캘린더 단축키와 업데이트 정보 등을 확인할 수 있습니다.

 | 이벤트 등록 메뉴 차이점

이벤트(일정) 등록을 위해 날짜를 더블클릭하면 구글 계정 캘린더과 노션 데이터베이스 계정일 때 각각 이벤트 메뉴가 달라집니다. 초보자는 헷갈릴 수 있으므로 차이점을 확인 후 실습합니다.

구글 계정 캘린더 기본 계정일 때 일정 등록 시 이벤트 메뉴 화면

구글 캘린더 일정(이벤트) 제목┃ 제목

일정 시간   🕐 8:15 AM   →   10 AM 1시간 45분

일정 날짜   7월 1(월)

종일   시간대   반복

일정에 초대된 참가자   👤 참가자

회의 도구(구글 미트, 줌)   🎥 회의 도구

구글 지도   📍 위치

노션 페이지 생성 또는 연결   📄 문서와 링크

이벤트에 대한 설명   설명

구글 캘린더의 일정 카테고리   ⬛ 1. 개인

바쁨   정보 표시 여부

알림 설정   🔔 리마인더

노션 데이터베이스 캘린더 기본 계정일 때 일정 등록 시 이벤트 메뉴 화면

지영   주 ▾   오늘   〈 〉   🔍 검색

월

월1   화2   수3   목4   금5   토6   일7 ±   이벤트   ⋯

구글 캘린더 일정(이벤트) 제목┃ 제목

일정 시간   🕐 8:15 AM   →   10 AM 1시간 45분

일정 날짜   7월 1(월)

종일   시간대

구글 캘린더의 일정 카테고리   ⬛ 지영's Planner DB 업무일정

Notion에서 열기   ↗

N | 표시한 일 수

한 화면에 보이는 일 수를 선택할 수 있습니다. 원하는 일 수가 없는 경우 기타를 클릭하면 나타나는 메뉴 창에 희망하는 일 수를 입력하면 화면이 입력 일 수로 바뀝니다.

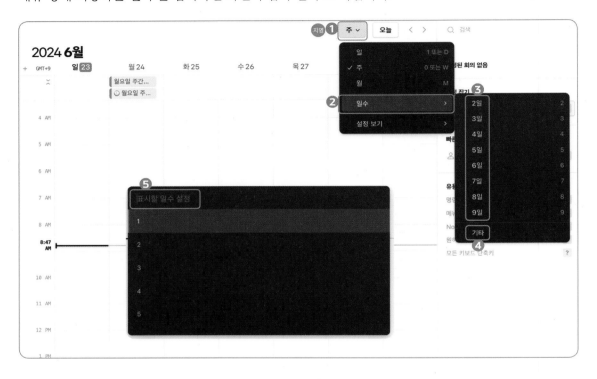

N | 캘린더 표시 설정

설정 보기는 캘린더 보기에 주말을 포함할 것인지, 거절한 이벤트를 포함하여 표시할 것인지 등을 설정할 수 있고, 캘린더의 한 주의 첫 요일을 월에서 토 중 하루로 선택하여 표시할 수 있습니다.

캘린더 탐색은 키보드 T 를 누를 경우 오늘로 이동하거나, 보기에서 오늘을 시작일로 캘린더를 표시합니다.

Ⓝ | 노션 단축키

단축키를 사용 시 빠른 메뉴 실행이 가능하고, 노션 캘린더에서 사용할 수 있는 단축키 메뉴 모음을 제공합니다. 유용한 단축키는 오른쪽 사이드바에 안내가 됩니다.

더 많은 단축키를 보려면 창 오른쪽 하단의 ❓ -[단축키]를 클릭하면 단축키 메뉴가 오른쪽 사이드바에 나타납니다.

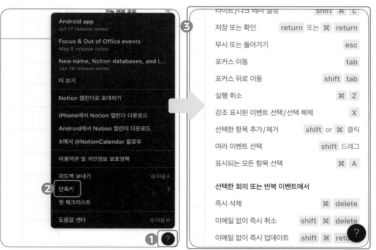

노션 캘린더에서 빠르게 일정 등록하는 방법

6-4

표시한 일 수를 주로 설정하고 이벤트(일정) 등록 실습을 따릅니다.

ⓝ I 자주 사용하는 캘린더 기본 설정 방법

01 기본 캘린더로 설정할 캘린더 이름을 클릭 후, 마우스 오른쪽 버튼을 클릭하여 [기본 캘린더로 설정]을 클릭합니다.

02 캘린더 이름 앞 사각형 테두리에 실선이 표시된 상태가 기본 캘린더 설정 상태입니다.

📝 | 노션 캘린더에서 구글 캘린더에 이벤트(일정) 등록 방법

01 달력에 이벤트를 등록하기 위해 이벤트(일정)를 추가할 날짜를 더블 클릭합니다. 오른쪽 사이드바 이벤트 편집 창에서 구글 캘린더가 맞는지 확인하고 이벤트 이름을 입력합니다.

◆ 온라인 화상 회의 도구 추가

구글 미트나 줌 계정을 연결하여 화상 회의 주소를 추가할 수 있습니다.

02 캘린더 날짜를 확인하고, 오른쪽 메뉴 중 [회의 도구]-[Google Meet]를 클릭합니다.

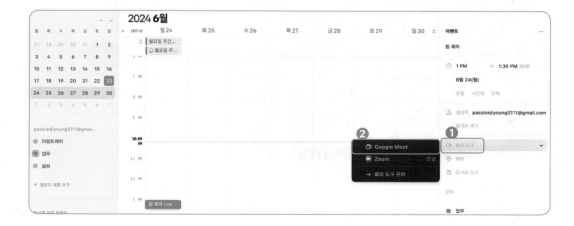

03 구글 미트는 별도의 가입 없이 연결된 구글 계정에서 구글 미트 회의 주소가 바로 생성되어 함께 회의할 사람에게 링크를 전달할 수 있습니다. 생성된 링크를 클릭합니다.

04 참여 전에 보이는 내 얼굴과 주변 환경을 미리보기할 수 있고, 여러 사람이 참여하는 회의인 경우 음소거와 카메라 끄기 후 [지금 참여하기]를 클릭합니다.

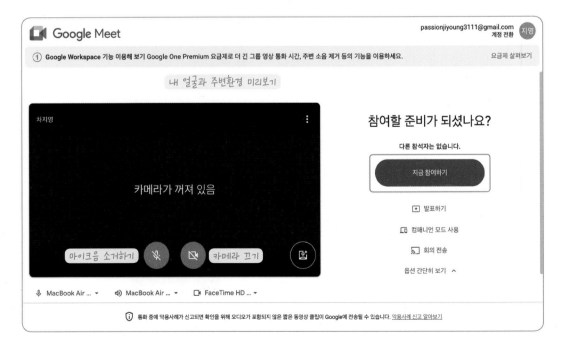

◆ **장소(구글 지도) 등록하기**

구글 지도에서 지원하는 장소의 상호명이나 키워드, 주소를 검색해 등록할 수 있습니다.

05 [위치]를 클릭 후, 상호명이나 주소를 입력합니다.

06 검색한 주소를 선택하면 등록이 되고, 등록된 주소를 클릭하면 구글 지도가 나타납니다.

◆ **문서와 링크 추가하기**

노션 캘린더가 나오기 전에는 노션 페이지와 스케줄 캘린더를 따로 관리했지만, 문서와 링크 기능으로 노션 캘린더에 노션 페이지 또는 일정을 선택하여 추가할 수 있습니다.

07 [문서와 링크]-[Notion 페이지 만들기]를 클릭합니다.

◆ **Notion 페이지 추가하기**

08 페이지 제목을 입력하고, 이벤트와 연결할 노션 페이지 저장 위치를 선택하고 [생성]을 클릭합니다.

09 노션 데이터베이스 페이지 이름과 링크가 생성되고, 페이지 링크 주소는 복사할 수 있습니다.
생성된 페이지를 클릭합니다.

10 노션 데이터베이스 페이지가 열리면 속성을 입력(편집)할 수 있습니다.

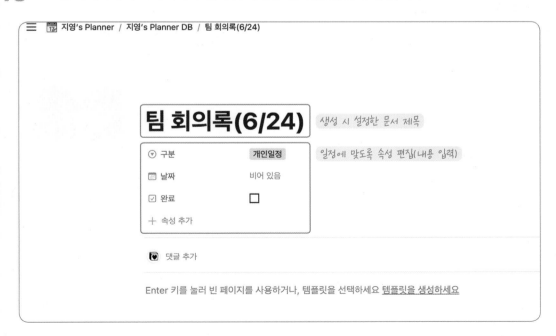

◆ 구글 캘린더에서 일정 확인하기

11 구글 캘린더에 접속해 노션 캘린더에서 등록한 이벤트(일정)를 확인합니다. 해당 날짜를 클릭해 등록한 내용을 확인합니다.

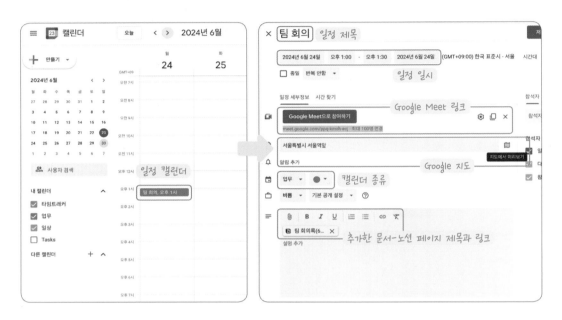

열정 지영

이벤트 추가 및 삭제 방법

등록한 날짜를 클릭하고 이벤트 등록 ⋯ 아이콘 메뉴에서 잘라내기, 복사, 복제, 삭제할 수 있습니다.

Ⓝ | 노션 캘린더에서 노션 데이터베이스에 이벤트(일정) 등록 방법

노션 데이터베이스로 이동하지 않고 노션 캘린더에서 바로 일정을 등록할 수 있습니다.

01 등록할 날짜를 더블 클릭하고, 이벤트 제목과 이벤트 시간을 설정합니다. 이벤트가 추가된 데이터베이스를 확인 후, [Notion에서 열기] 클릭합니다.

02 등록된 이벤트(페이지) 일정을 확인할 수 있습니다. 필요한 추가 사항이 있다면 페이지에 입력하여 수정합니다.

링크 하나로 빠르게 약속 일정 잡는 방법

노션 캘린더 일정 잡기 기능은 무료로 이용할 수 있고 일정 잡기를 이용하여 내가 가능한 시간을 지정하면 상대방은 지정된 시간을 보고 가능한 시간을 선택할 수 있습니다.

Ⓝ I 일정 잡고 공유하기

01 노션 캘린더 상단의 설정 보기를 주로 변경합니다. 오른쪽 이벤트 편집 창의 [가능 여부 공유]를 클릭합니다. 비어 있는 일정은 회색으로 표시됩니다.

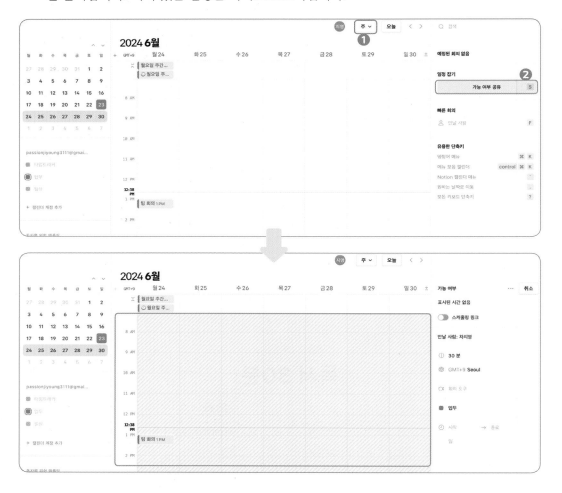

02 일정이 가능한 일시를 마우스로 드래그하여 선택합니다.

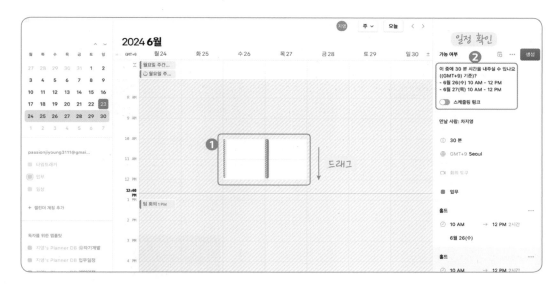

03 이벤트 편집 창에서 일정 잡기 링크 활성화 상태를 확인하고 일정 시간을 설정하기 위해서 [30 분]을 클릭합니다.

전체 홀드 시간은 일정 잡기로 지정한 모든 시간을 한 사람(그룹)이 사용할 수 있습니다. 기본은 30분으로 설정 이 되어 있고, 최소 15분부터 1시간까지 선택이 가능합니다. 최대 1시간까지만 선택이 가능하여 만약 회의 시 간을 2시간을 잡아야 한다면 [전체 홀드 시간]을 클릭하면 됩니다.

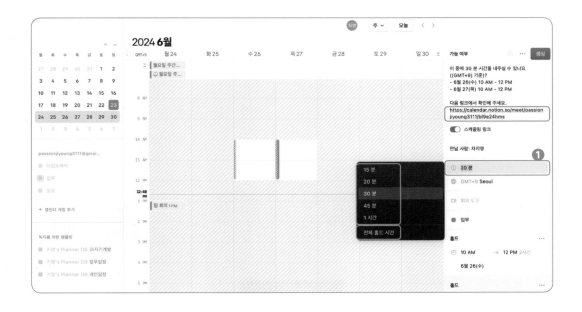

04 일정 잡기를 설정하면 기본 캘린더에 적용되고, 다른 캘린더로 변경할 수도 있습니다. 노션 데이터베이스로 설정합니다.

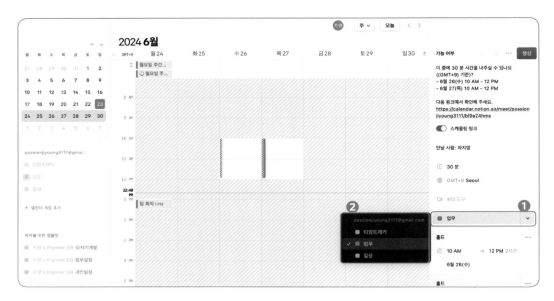

05 설정이 완료된 가능 시간을 확인 후, 잘못 입력된 시간은 이벤트 편집 창 ... 아이콘 메뉴에서 삭제합니다. 확인이 끝났다면 [생성]을 클릭합니다.

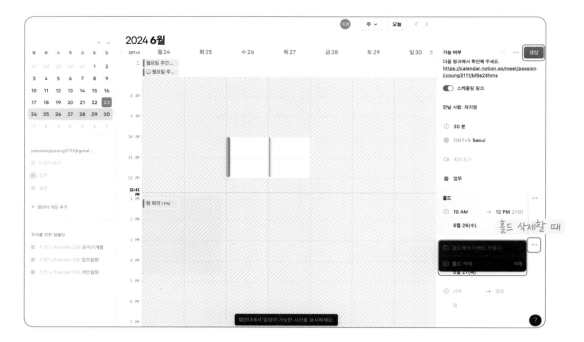

06 생성한 일정을 최종으로 확인하고 일정을 공유하기 위해 이벤트 편집 창 ••• 아이콘 메뉴에서 [일정 링크 복사]를 클릭합니다.

📓 | 약속 일정 잡기

01 링크를 클릭하여 일정 잡기를 미리 테스트하기 위해 생성한 링크를 클릭해 약속할 날짜와 시간을 선택합니다.

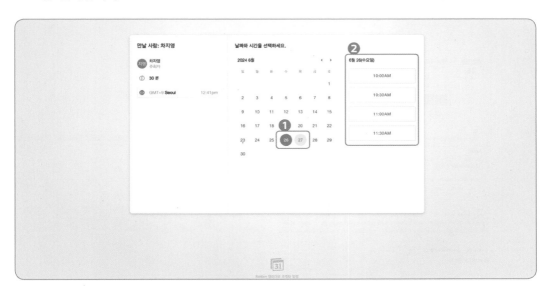

02 약속을 잡을 사람의 이메일을 입력하고 [회의 스케줄 잡기]를 클릭합니다. 나와 만날 사람의 이 메일로 예약 내용이 전송됩니다(테스트를 위해 노션 캘린더와 연결되지 않은 다른 이메일을 입 력합니다).

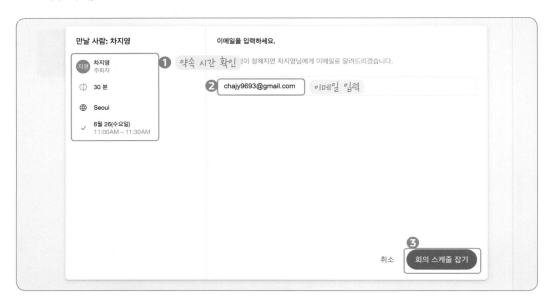

03 입력한 이메일로 초대장이 발송되고, 초대 수락을 위해 [예]를 클릭합니다. 입력한 이메일 계정 캘린더에 일정이 추가됩니다.

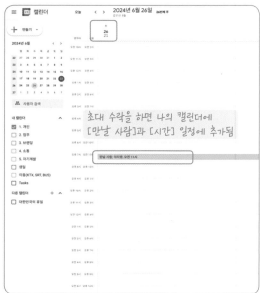

04 나의 노션 캘린더에 초대 일정이 추가되고, 초대 일정을 클릭하면 예약된 정보를 확인할 수 있습니다. 노션 캘린더와 연결된 구글 캘린더로 접속하면 초대 일정이 추가된 것을 확인할 수 있습니다.

노션 캘린더 일정

구글 캘린더 일정

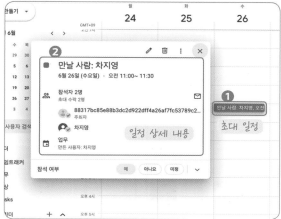

회의 방식 및 미팅 자소 추가 방법

노션 캘린더의 약속 일정 잡기 기능은 회의 도구나 장소를 설정할 수 없습니다. 약속된 일정에 회의 방식 및 미팅 장소를 추가하고자 할 경우 등록된 구글 캘린더에서 구글 미트와 구글 지도를 추가하고 [저장]을 클릭합니다. 변경 내용 이메일 발송 여부는 선택할 수 있습니다.

노션 캘린더 모바일 앱과 위젯으로 일정 관리 방법

N | 모바일 앱 다운로드 및 로그인하기

Google Play Store 또는 App Store에서 Notion 캘린더를 설치합니다. 유사 앱을 주의하기 위해 앱 설치 전에 개발사(Notion Labs, Inc.)를 확인합니다.

모바일 앱에서 이벤트 알림 허용 여부를 선택합니다. 노션 캘린더와 친해지기 위해서는 리마인더 기능을 적극 활용하길 추천합니다.

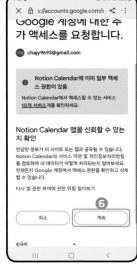

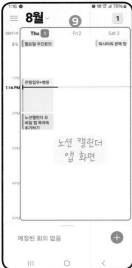

ⓝ | 모바일 앱 환경 설정하기

노션 캘린더는 최대 3일 일정만 보여주므로 설정 메뉴에서 표시 일 수를 변경할 수 있습니다. 해당 월은 위 아래로 스와이프하여 볼 수 있고 설정 메뉴에서 노션 캘린더에 연결된 구글 캘린더와 노션 데이터베이스를 확인할 수 있습니다.

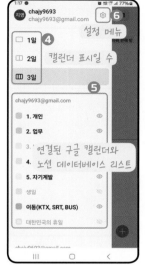

설정에서 거절한 이벤트 표시 유무를 선택하거나 주 수는 표에서 바로 시간대를 설정할 수 있습니다. 테마는 데스크톱과 모바일 앱 각각 적용됩니다. 기본 캘린더와 노션 캘린더에 연결된 구글 캘린더 계정 정보를 알 수 있습니다. 위젯에서 보여주는 이벤트 일 수를 선택할 수 있습니다.

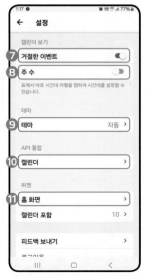
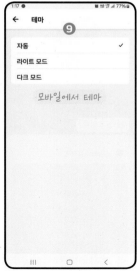

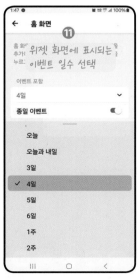

N | 모바일 앱 일정 등록하기

등록하고자 하는 날짜를 터치하고 데스크톱과 동일한 방법으로 일정을 등록한 후, [완료]를 터치하면 일정 등록이 완료됩니다.

 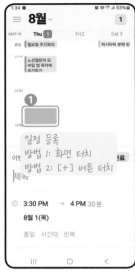  

N | 모바일 앱 캘린더 위젯 설치하기

노션 위젯 설치 방법과 동일합니다. Android는 노션 캘린더 앱을 꾹 누르고 메뉴에서 선택합니다. Apple은 화면 빈 곳을 꾹! 눌러 화면 왼쪽 상단 모서리의 ➕ 버튼을 터치합니다. 위젯 메뉴를 터치하고 위젯이 나타나면 한번 더 터치 후, [추가] 버튼을 터치하면 위젯 설치가 완료됩니다.

CHAPTER 07

노션 홈

Notion의 새로운 기능인 노션 홈은 노션 워크스페이스의 모든 문서, 작업, 이벤트 등 중요한 콘텐츠를 한 곳에서 볼 수 있습니다. 프로젝트나 나에게 할당된 작업을 한 곳에서 모아 볼 수 있어 일정 관리와 작업 관리를 할 수 있습니다. 사이드바에 위치한 [홈]은 아직 모바일 지원은 되지 않고 데스크톱과 데스크톱 앱에서만 이용할 수 있습니다.

01 홈은 최근 페이지 등 다양한 정보를 볼 수 있습니다.

02 홈의 인사말(별명)을 변경하기 위해 인사말(별명)에 마우스 오버 후 클릭하면 [별명 편집] 팝업 창이 나타나고, 인사말(별명)을 입력합니다.

03 홈에서 기본 시작 페이지를 설정하기 위해 오른쪽 상단의 ••• 아이콘을 클릭합니다. 기본 값
은 마지막 방문 페이지로 설정되어 있지만 원하는 설정으로 변경 가능합니다.

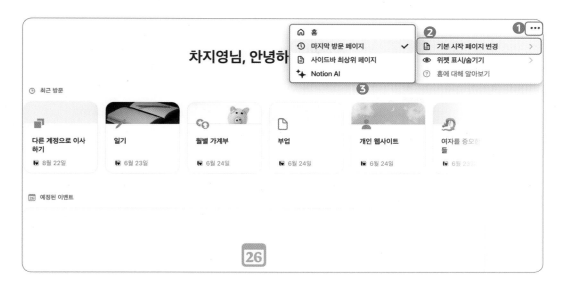

기본 시작 페이지 설정은 노션 워크스페이스 사이드바 [설정과 멤버]-[내 설정]에서도 할 수 있습니다.

04 위젯 표시/숨기기 기능으로 최근 방문을 제외한 모든 위젯을 홈에 표시할 수 있고, 숨기기할 수도 있습니다.

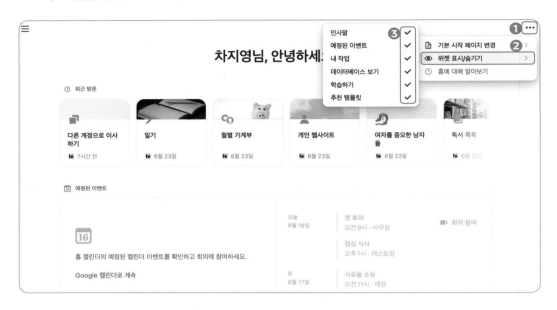

05 최근 방문한 페이지는 최대 20개까지 가능하고, 갤러리 카드 형식으로 보이며 마지막 방문 시간이 표시됩니다. 하루가 지나면 일로 표시됩니다.

7-2 예정된 이벤트 위젯

01 예정된 이벤트는 노션 캘린더 일정을 보여 줍니다. 변경한 내용은 노션 캘린더와 동기화되어 모두 적용됩니다.

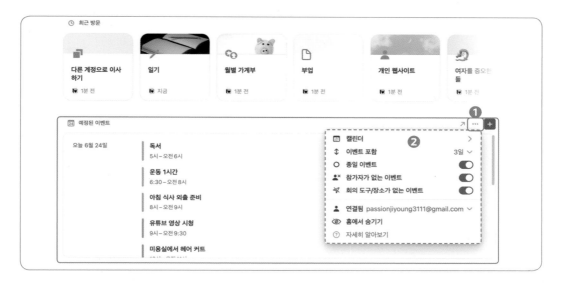

02 ⋯ -[캘린더]-[캘린더 앱 미러링]을 클릭하여 활성화하면 노션 캘린더와 연결된 모든 캘린더를 볼 수 있습니다.

03 캘린더 일부만 보고 싶다면 **⋯**-[캘린더]-[캘린더 앱 미러링]을 다시 클릭해 활성화를 해제하고, 나타난 목록에서 **◉** 아이콘을 클릭해 선택해서 볼 수 있습니다.

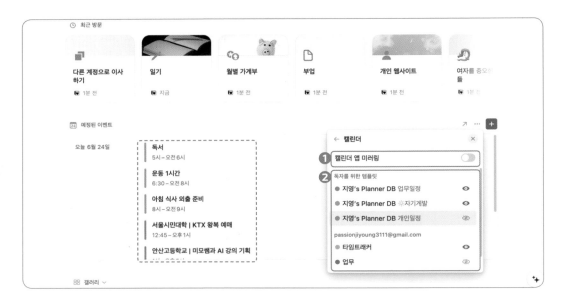

04 **⋯**-[이벤트 포함]을 클릭하여 표시하고자 하는 이벤트 일 수를 선택할 수 있습니다.

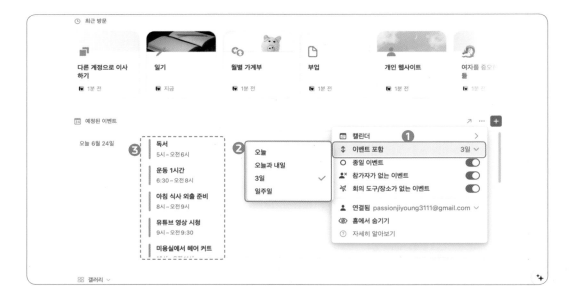

05 전체 이벤트 확인은 노션 캘린더로 이동하여 할 수 있습니다. ↗ 아이콘을 클릭하면 노션 캘린더를 열어 주고(이동), ➕ 아이콘을 클릭하면 노션 캘린더 이벤트 생성 편집 창을 열어 주고(이동), 이벤트를 바로 입력할 수 있습니다.

내 작업 위젯

내 작업 위젯은 노션 워크스페이스의 모든 작업을 한곳에 모아 볼 수 있습니다. 내 작업에서 나에게 할당된 작업을 보려면 할당된 작업이 포함된 데이터베이스가 노션 작업 데이터베이스여야 합니다. 노션의 작업 데이터베이스는 데이터베이스 유형 중 하나로, 내가 담당해야 하는 업무를 트래킹할 수 있도록 담당자, 상태, 마감일 속성이 필요합니다.

01 작업 데이터베이스와 연결하려면 기존에 실습한 지영‚s Planner 데이터베이스의 ••• 아이콘을 클릭 후, [사용자 지정]-[작업]을 클릭합니다.

02 담당자 속성, 상태 속성, 마감일 속성을 추가할 수 있는 팝업 창이 나타나면 해당 속성이 있다면 선택하고 없다면 [+새로 만들기]를 클릭하여 속성 선택 완료 후 [작업 데이터베이스로 전환]을 클릭합니다.

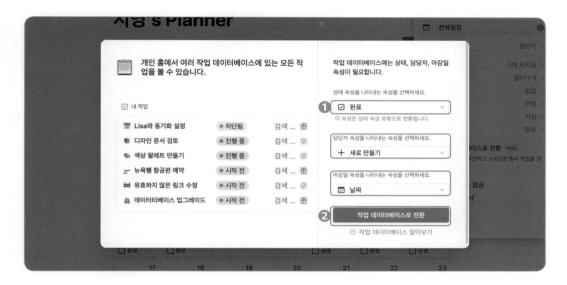

03 작업 데이터베이스 연결이 완료되었다는 메시지를 확인할 수 있습니다.

04 만약 실습 중 데이터베이스 연결을 잘못했다면 홈에 작업 연결을 취소하기 위해 데이터베이스의 ⋯ -[사용자 지정]-[작업]-[제거]를 클릭하여 제거합니다.

05 홈과 연결한 작업 일정이 보이지 않는다면 ⋯ -[필터]-[담당자]를 클릭하고 나를 제거합니다.

06 나를 제거하면 추가된 데이터베이스의 작업(일정)이 표시됩니다.

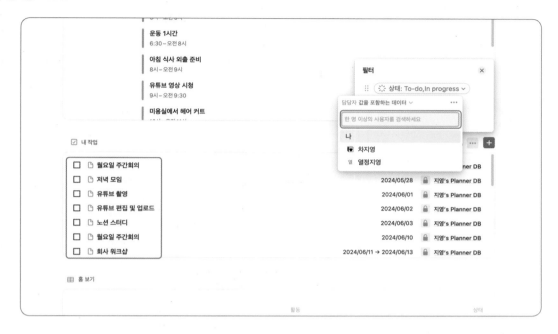

07 내 작업의 데이터베이스는 속성 표시, 필터, 정렬, 그룹화 등 데이터베이스 기능을 동일하게 사용할 수 있습니다.

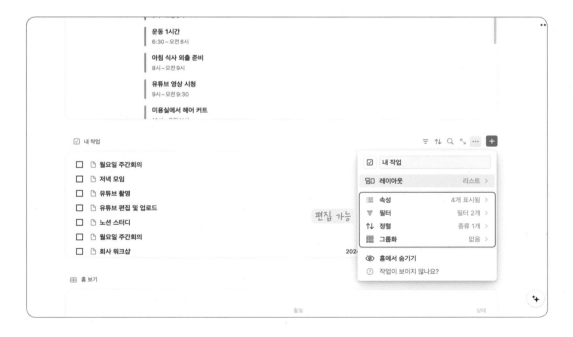

다른 데이터베이스 추가하기

1. 동일한 방법으로 데이터베이스의 ••• –[사용자 지정]–[작업]을 클릭하여 담당자, 상태, 마감일 속성을 새로 만들거나 설정할 수 있습니다.

2. 내 작업에 연결된 데이터베이스 제목이 표시되어 일정을 구분할 수 있습니다.

7-4 홈 보기(데이터베이스 보기) 위젯

01 홈 보기 위젯은 [데이터베이스 선택]을 클릭하여 데이터베이스를 추가한 후 홈에서 빠르게 액세스할 수 있습니다.

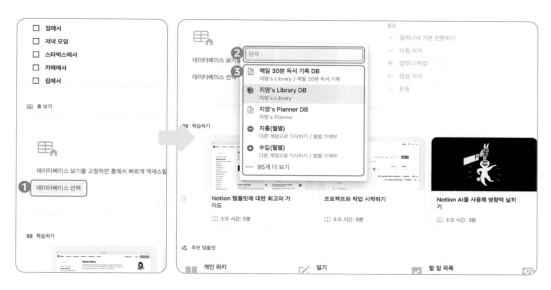

02 추가된 데이터베이스도 다른 레이아웃 보기로 변경 가능하고, 설정 사항 변경도 가능합니다.

7-5 학습하기 위젯

학습하기 위젯은 영상이나 이미지를 포함한 가이드북으로, 노션에 대해 배울 수 있습니다. 오른쪽에 학습한 카드는 완료를 체크할 수 있습니다.

7-6 추천 템플릿 위젯

추천 템플릿은 노션의 기본 템플릿으로 사이드바에서도 확인할 수 있습니다.

> **열정 지영**
>
> 노션 캘린더로 구글 캘린더 일정과 노션 데이터베이스 일정까지 관리할 수 있어 많은 사용자가 반겼는데, 홈 기능이 추가되면서 노션 캘린더에 날개를 달아주었습니다. 어려운 메뉴나 설정은 없으니 노션 캘린더를 먼저 사용하고, 홈까지 나만의 방식으로 사용해 봅니다.

CHAPTER 08

노션 AI

Notion AI는 일상 업무의 효율을 혁신적으로 높여주는 기능 모음입니다. Notion 요금제에 Notion AI를 추가하면 워크스페이스 사용자들과 함께 더 빠르게 작업하고 더 좋은 글을 작성할 수 있습니다. AI 기능을 사용할 때는 기존 업무 플로우에 자연스럽게 통합될 수 있는지가 무엇보다도 중요합니다. Notion의 드래그 & 드롭 텍스트 편집기는 다른 툴에 비해 매우 유연합니다. 덕분에 AI가 생성한 콘텐츠를 쉽게 재정렬하고 변환할 수 있습니다. 앞으로 Notion AI는 점점 더 다양한 Notion 기능을 지원할 수 있게 될 것입니다.

출처: 노션 가이드

노션 AI 사용법

8-1

ChatGPT나 다른 생성형 AI 사용 시 주제가 전환될 때 반드시 New Chat으로 빈 화면에서 시작하듯 노션 AI도 반드시 새로운 페이지에서 시작해야 합니다. 만약 페이지에 다른 콘텐츠 내용이 있다면 질문에 대한 답변에 영향을 줍니다. 주제가 바뀔 때마다 반드시 새 페이지에서 시작해야 합니다.

Ⓝ | 데스크톱 AI 사용 방법

방법1 페이지 제목으로 AI에게 질문하기

페이지에 제목 입력 후, 페이지 하단의 [AI에게 질문하기]를 클릭하면 제목 내용이 프롬프트 입력 창에 자동으로 입력됩니다. ⬆ 아이콘을 클릭해 초안을 작성합니다.

방법2 빈 제목으로 AI에게 질문하기

페이지 제목을 입력하지 않고 페이지 하단에 [AI에게 질문하기]를 클릭하면 프롬프트 입력 창과 메뉴가 나타납니다. 프롬프트 입력 창에 원하는 질문을 입력하고 Enter 를 눌러 초안을 작성합니다.

방법 3 블록 핸들 메뉴로 AI에게 요청

페이지 빈 블록의 블록 핸들 아이콘을 클릭하고 [AI에게 요청]을 클릭하면 프롬프트 입력 창과 메뉴가 나타납니다. 프롬프트 입력 창에 원하는 질문을 입력하고 Enter 를 눌러 초안을 작성합니다.

N I 모바일앱 AI 사용 방법

방법 1 툴바 메뉴 ✦ 아이콘으로 AI 질문하기

개인 페이지 화면을 터치하면 툴바 메뉴가 나타나고 ✦ 아이콘을 터치하면 프롬프트 입력 창이 나타납니다. 원하는 질문을 입력하고 ↑ 아이콘을 터치해 초안을 작성합니다.

방법 2 툴바 메뉴 ⋯ 아이콘으로 AI에게 요청

개인 페이지 화면을 터치한 후, 툴바 메뉴를 스와이프하여 ⋯ 아이콘을 터치하면 작업 페이지가 나타납니다. [AI에게 요청]을 터치하면 프롬프트 입력 창이 나타나고, 원하는 질문을 입력 후 ⬆ 아이콘을 터치해 초안을 작성합니다.

노션 AI는 유료 구독 서비스입니다. 그런데 노션 AI를 처음 사용하는 분들을 위해 20개의 무료 응답이 제공됩니다. 사용 후 잔여 횟수는 표시되지 않기에 궁금하신 분은 사이드바의 도움말과 지원의 지원팀에 메시지 보내기로 문의하면 채팅이나 메일로 답변을 받아볼 수 있습니다. 유료 구독료는 달라질 수 있으므로 확인 후 선택합니다.

8-2 | 노션 AI 글쓰기

N | 새 글 초안 작성 및 편집

새 글 초안 작성을 위해 빈 블록에서 Space bar 를 누르면 옵션 중 선택하여 글을 작성할 수 있습니다. 아이디어 브레인스토밍, 블로그 게시물, 개요, SNS 게시물 등 창작을 위한 글이나 직무 설명, 영업 이메일, 업무를 위한 글 작성까지 초안을 작성 후, 글을 업그레이드를 할 수 있습니다.

01 키보드의 Space bar 를 눌러 프롬프트 창에 입력하고 ⬆ 아이콘을 누릅니다. 글이 생성되면 [완료]를 클릭합니다.

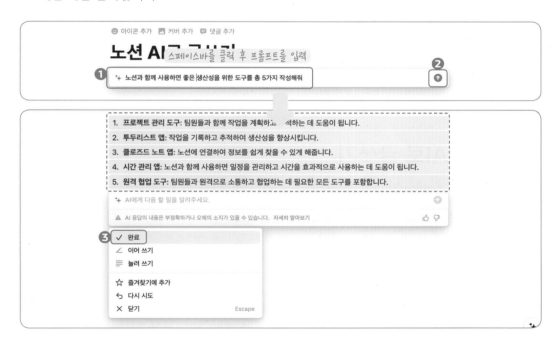

02 생성된 결과물을 드래그하고 텍스트 편집기 메뉴의 [AI에게 요청]을 클릭합니다.

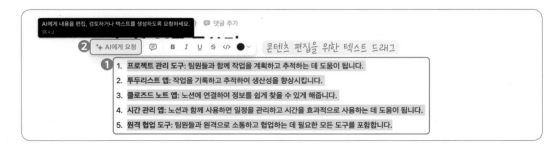

03 프롬프트 창에 편집할 프롬프트를 입력하고 Enter 를 누릅니다.

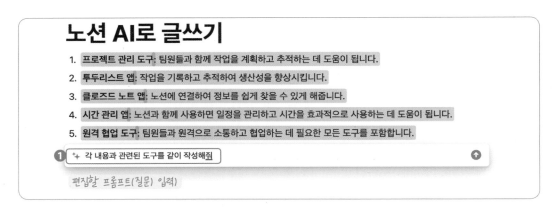

04 생성된 결과물을 [선택한 부분 바꾸기]를 클릭해 내용을 변경하거나, [아래에 삽입]을 클릭하여 생성된 결과물 히스토리를 유지합니다.

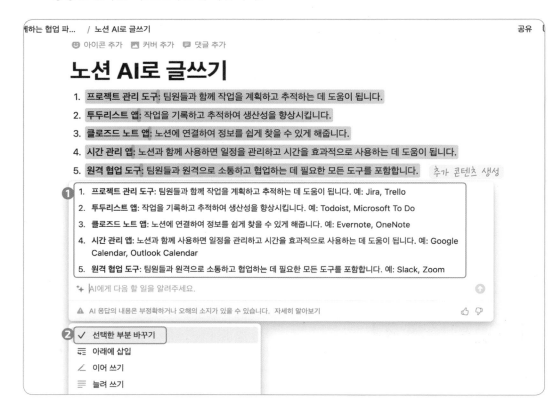

05 글의 내용을 구체적으로 작성하기 위해 [늘려 쓰기]를 클릭합니다.

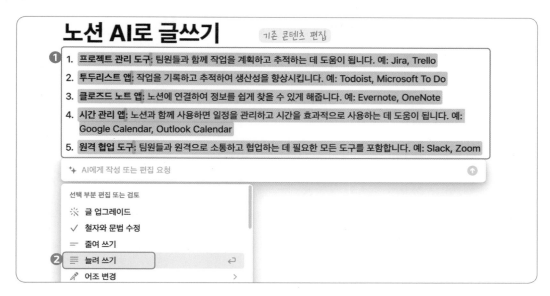

06 늘려 쓰기한 글을 블로그 형식으로 편집합니다. 블로그 게시물 작성을 위해 노션 AI 메뉴 중 [블로그 게시물]을 클릭 후, 추가 프롬프트를 입력합니다.

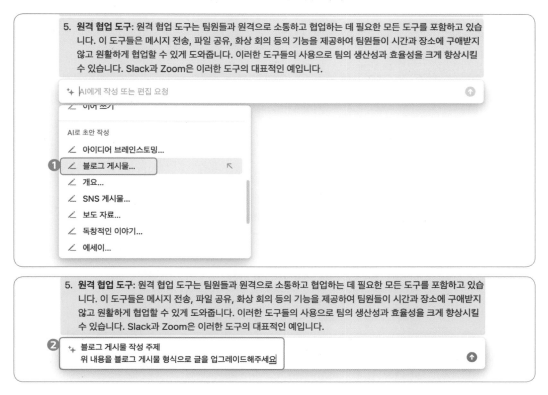

07 블로그 게시물로 편집이 완료되었습니다.

블로그 게시물로 글이 완성

노션과 함께 사용하기 좋은 5가지 생산성 도구

노션과 함께 사용하면 생산성을 극대화할 수 있는 도구들에 대해 알아보고자 합니다. 이러한 도구들은 프로젝트 관리, 작업 추적, 정보 저장, 시간 관리, 원격 협업 등 다양한 분야에서 활용될 수 있습니다.

1. 프로젝트 관리 도구: Jira와 Trello

프로젝트 관리는 팀원들과 함께 작업을 계획하고 추적하는 데 필수적인 작업입니다. Jira와 Trello와 같은 프로젝트 관리 도구를 사용하면 팀의 작업을 일정에 따라 계획하고, 마일스톤을 설정하며, 작업을 할당하고 추적할 수 있습니다. 이를 통해 프로젝트의 전반적인 진행 상황을 이해하고 관리할 수 있으며, 팀의 효율성을 크게 향상시킬 수 있습니다.

2. 투두리스트 앱: Todoist와 Microsoft To Do

Todoist와 Microsoft To Do와 같은 투두리스트 앱을 사용하면 개인이나 팀의 작업을 기록하고 추적하여 생산성을 향상시킬 수 있습니다. 이러한 앱들이 제공하는 간단하고 직관적인 인터페이스를 통해 작업을 추가, 삭제, 편집하고, 우선순위를 설정하거나 마감일을 지정할 수 있습니다.

08 블로그 게시물을 영어로 번역하기 위해 드래그하여 선택하고 ⠿ 블록 핸들 아이콘을 클릭 후 [AI에게 요청]을 클릭합니다. 노션 AI 메뉴 중 [번역]-[영어]를 클릭합니다.

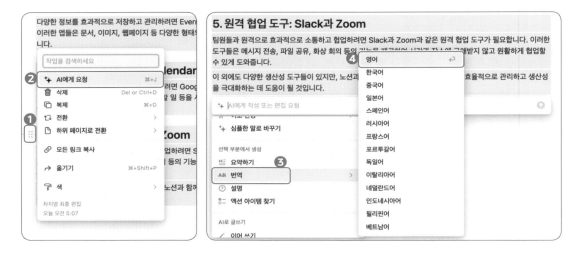

09 추가 프롬프트 없이 영어로 바로 번역된 화면을 확인할 수 있습니다.

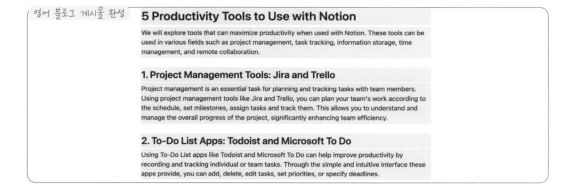

영어 블로그 게시물 완성

5 Productivity Tools to Use with Notion

We will explore tools that can maximize productivity when used with Notion. These tools can be used in various fields such as project management, task tracking, information storage, time management, and remote collaboration.

1. Project Management Tools: Jira and Trello

Project management is an essential task for planning and tracking tasks with team members. Using project management tools like Jira and Trello, you can plan your team's work according to the schedule, set milestones, assign tasks and track them. This allows you to understand and manage the overall progress of the project, significantly enhancing team efficiency.

2. To-Do List Apps: Todoist and Microsoft To Do

Using To-Do List apps like Todoist and Microsoft To Do can help improve productivity by recording and tracking individual or team tasks. Through the simple and intuitive interface these apps provide, you can add, delete, edit tasks, set priorities, or specify deadlines.

자동화 커스텀 AI 블록

8-3

커스텀 AI 블록은 미리 프롬프트를 입력한 후, 생성만 누르면 페이지 콘텐츠 내용을 요약하거나 맞춤형으로 입력한 형식으로 글을 작성할 수 있습니다. 마치 문서 양식 폼을 만들듯이 커스텀 AI 블록을 이용하여 일상이나 업무에서 많이 활용할 수 있습니다.

01 제목3 블록으로 "회의록 요약"을 입력하고 Enter 를 누릅니다. "/커" 또는 "커스텀 AI 블록"을 입력하여 커스텀 AI 블록을 생성합니다. 동일한 방법으로 회의록 액션 아이템과 다음 회의 안건을 생성합니다.

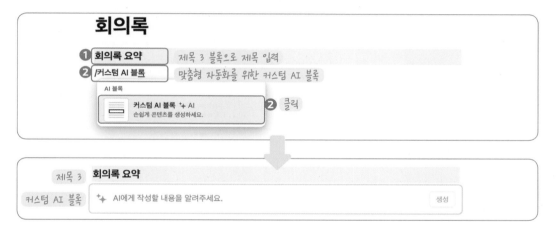

02 빈 커스텀 AI 블록 안에 프롬프트를 입력합니다. 주의할 점은 절대 [생성]을 클릭하거나 Enter 를 누르면 안 됩니다.

03 실제로는 회의록을 작성하고 커스텀 AI 블록을 사용하지만 지금은 실습으로 가상의 회의록을 노션 AI를 이용하여 작성합니다. `Space bar`를 누르고 "마케팅 부서 회의록을 가상의 상황으로 작성해 줘" 프롬프트를 입력하여 회의록을 생성합니다.

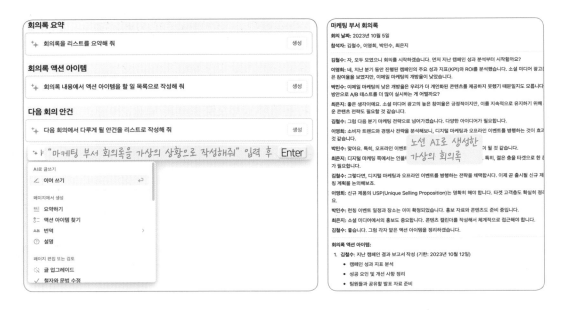

04 회의록 내용을 회의록 요약, 회의록 액션 아이템, 다음 회의 안건으로 자동 작성을 위해 커스텀 AI 블록에 [생성]을 클릭합니다.

열정 지영

자주 사용하는 AI 콘텐츠 블록 원본 복제 방법

자주 사용하는 AI 콘텐츠 블록 템플릿은 복제해서 사용하길 추천합니다. 페이지의 ⠿ 블록 핸들 아이콘 메뉴에서 [복제]를 클릭하고 제목을 변경합니다.

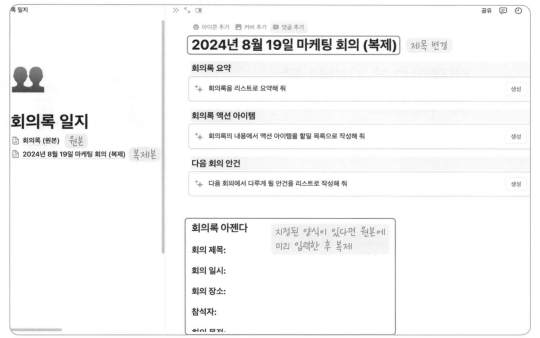

 ㅣ 노션 홈페이지에서 노션 AI 템플릿 활용

다양한 주제와 분야의 노션 AI 콘텐츠 블록을 활용할 수 있습니다. 노션 공식 홈페이지에 방문하여 템플릿 갤러리에서 복제해 사용합니다.

01 노션 공식 홈페이지에 접속하여 [프로젝트]-[AI]를 클릭합니다.

02 페이지를 스크롤하여 맨 하단으로 이동하고 [모든 템플릿 둘러보기]를 클릭합니다. 노션 [AI 템플릿] 갤러리로 이동하여 나에게 필요한 템플릿을 복제합니다.

8-4 요약, 번역, 키워드 자동 채우기 AI

지금까지 간단한 메뉴를 이용한 AI 기능과 커스텀 AI 블록을 이용한 사용 방법을 배웠습니다. 이번에는 데이터베이스에 AI 속성 기능을 추가하여 요약, 번역, 키워드 자동 채우기 등 맞춤형 자동화 AI 기능을 알아보겠습니다.

실습을 위해 노션 AI를 활용하여 가상의 회의록을 작성하였으므로 독자를 위한 템플릿에서 복제해 사용합니다.

01 페이지에 각각 다른 내용의 회의록 작성합니다.

회의록은 노션 AI를 사용하여 작성합니다(365~366쪽 참고).

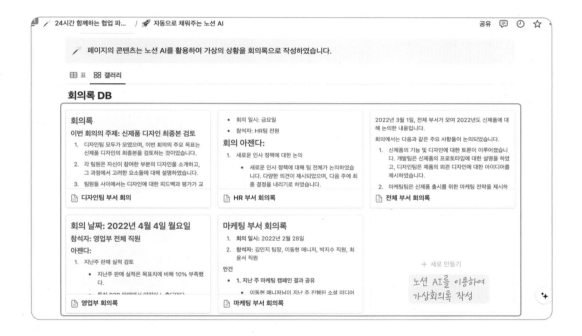

O2 속성 추가 **+** 아이콘을 클릭하고 AI 키워드, AI 요약 속성을 추가합니다.

O3 AI 번역 속성을 **+** 아이콘을 클릭해 추가한 후, 옵션에서 [번역 대상]-[AI 키워드]를 클릭하고
[번역 언어]-[영어]를 클릭합니다.

04 [변경 사항 저장]-[모든 페이지 자동 채우기]를 클릭합니다.

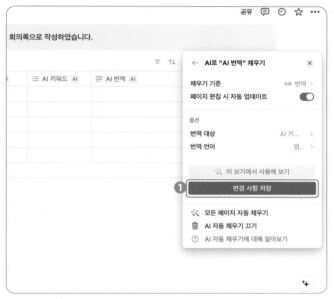

05 AI 사용자 지정 자동 채우기 속성을 ➕ 아이콘을 클릭하여 추가한 후, "액션 아이템"으로 속성 이름을 입력합니다. 프롬프트 입력 창에 "회의록을 기반으로 액션 아이템 3개를 작성해 줘"라 고 입력합니다. [변경 사항 저장]을 클릭합니다.

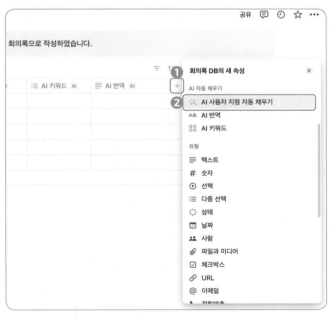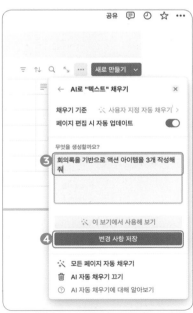

06 필요한 속성을 모두 생성했다면 자동 채우기합니다. 이름 속성을 클릭하고 [모든 페이지 자동 채우기]를 클릭합니다. 팝업 창의 [회의록 DB의 모든 페이지 업데이트]를 클릭하면 페이지에 자동으로 입력됩니다.

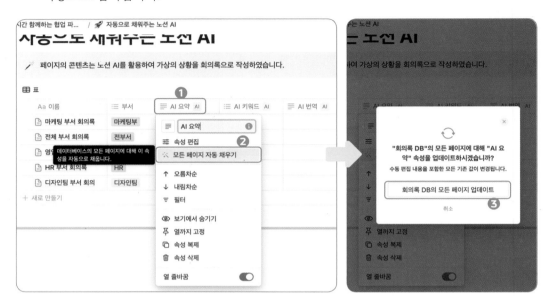

07 속성이 입력되는 동안 진행률이 표시됩니다. 가끔 멈추는 경우가 있지만 Esc 를 누르고 다시 시도합니다.

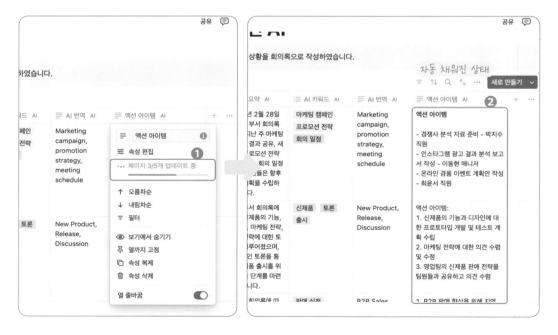

08 채우기가 완료되면 [모든 열 줄바꿈]을 비활성화합니다. 각 속성별로 열 줄바꿈 선택이 가능하지만, 모든 속성을 일괄로 줄바꿈하기 위해 레이아웃 메뉴에서 [모든 열 줄바꿈]을 클릭합니다.

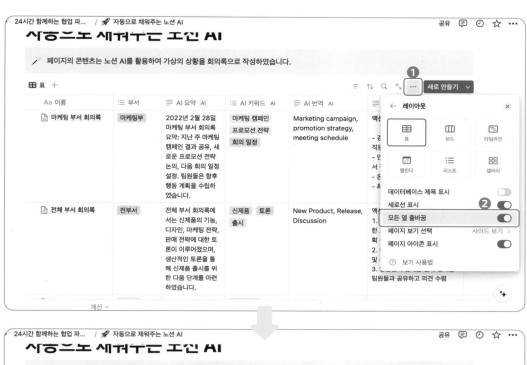

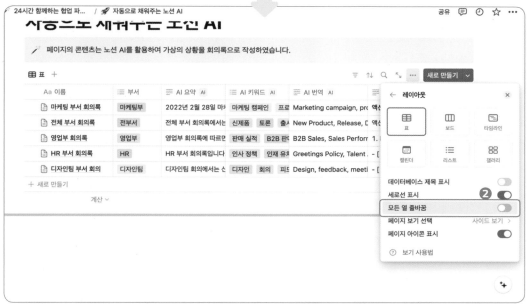

🅽 | 선택 속성과 다중 선택 속성에서 AI 자동 채우기

지금까지는 AI 자동 채우기 목록을 이용하였는데 데이터베이스에서 가장 많이 사용하는 대표적인 선택 속성과 다중 선택 속성에서도 AI 자동 채우기가 가능합니다.

01 ➕ -[속성]-[선택]을 추가하고 속성 제목을 "분류"로 입력 후 ⓧ 아이콘을 클릭합니다.

02 선택 속성을 다시 클릭하고 [AI 자동 채우기]를 클릭해 활성화하고, [새로운 옵션 생성]도 활성화합니다. 그리고 [더 보기]를 클릭합니다.

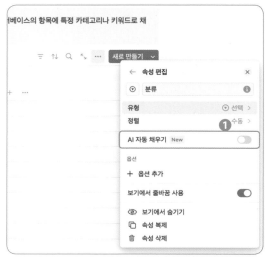
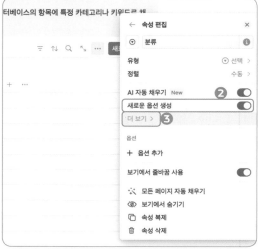

03 프롬프트를 입력하고 [페이지 편집 시 자동 업데이트]를 활성화합니다. 다음으로 [변동 사항 저장]을 클릭하면 팝업 창이 나타나고, [자동 업데이트 켜기]를 클릭합니다.

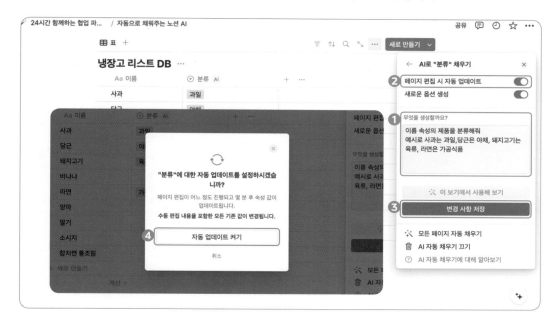

04 [모든 페이지 자동 채우기]를 클릭 후, 팝업 창의 [냉장고 리스트 DB의 모든 페이지 업데이트]를 클릭합니다.

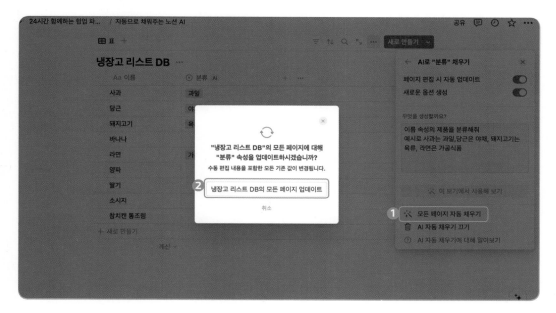

05 **01**에서 **04**의 방법으로 다중 선택 속성을 추가하여 요리법 3가지를 생성합니다.

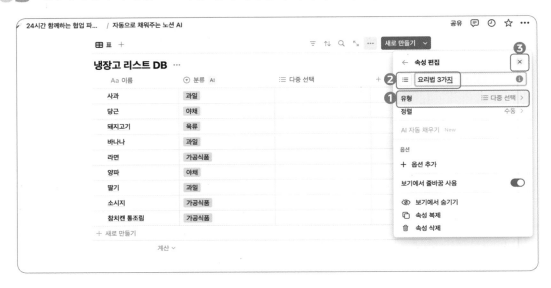

06 요리법 3가지 속성을 클릭하면 [AI 자동 채우기]와 [새로운 옵션 생성]을 활성화하고 [더 보기]를 클릭합니다. 프롬프트 창에 "이름의 재료로 3가지 추천 요리를 작성해 줘"라고 입력하고 [페이지 편집 시 자동 업데이트]를 활성화합니다.

07 [변동 사항 저장]을 클릭하고 [자동 업데이트 켜기]를 클릭합니다

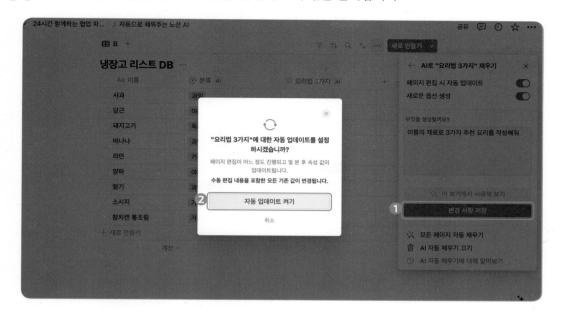

08 [모든 페이지 자동 채우기] 클릭 후, 팝업 창의 [냉장고 리스트 DB의 모든 페이지 업데이트]를 클릭합니다.

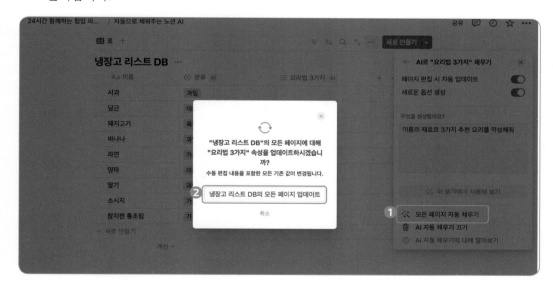

09 100% 완벽하게 채워지지 않는 부분이 있습니다. 이 경우는 해당 셀에 마우스 오버하면 보라색 요술봉 모양이 나타나고 클릭하여 업데이트 합니다. 냉장고 리스트가 완성되었습니다.

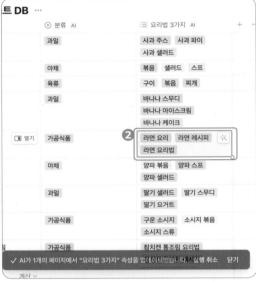

다른 속성도 다양하게 추가하여 데이터베이스와 노션 AI가 유용한 도구가 되기를 바랍니다.

노션 Q&A 사용법

8-5

다른 AI 도구와 노션 AI의 큰 차이점 중 하나는 노션은 내가 가지고 있는 데이터를 이용하여 필요한 정보를 빠르게 찾아줍니다. AI 언어모델이 GPT-4로 업그레이드 되고 Claude가 추가되어 더욱 풍부하고 정확도가 높아진 답변을 받을 수 있게 되었습니다.

▌Q&A는 어떻게 답변을 주는가?

워크스페이스 모든 페이지를 검색하여 답변을 찾아줍니다. Q&A 프롬프트 창에 @멘션을 이용하여 구체적인 페이지, 사람, 데이터베이스에 관한 질문에 답변을 줍니다. 동영상과 PDF와 같은 임베드된 콘텐츠는 답변으로 사용할 수 없습니다.

질문에 대한 Q&A의 답변은 워크스페이스의 데이터의 양에 따라 달라집니다. 데이터, 즉 콘텐츠가 많을수록 좋은 답변을 줍니다. Q&A를 최대한으로 활용하려면 워크스페이스에 최소 100개의 페이지가 있는 것이 좋습니다.

새로 입력한 콘텐츠는 한 시간 정도가 지나야 Q&A에서 참고하여 답변을 줄 수 있습니다. 워크스페이스의 정보를 바탕으로 질문에 답할 수 없는 경우 Q&A는 부정확하게 답변하는 대신 사용자에게 정보가 부족하다고 알려줍니다. 따라서 문서에 누락된 부분을 파악해서 팀에 더 유용한 Q&A를 만드는 데도움이 됩니다.

노션 Q&A 사용법 실습을 위해 노션 공식 홈페이지 하단에 있는 블로그를 클릭합니다. 블로그 제목 "How Figma's Web Experience team used Notion to plan Config"를 클릭 후, 블로그 글 전체를 복사하여 새 페이지를 열고 붙여넣기합니다. 또는 웹브라우저 주소 창에 "notion.so/ko/blog/figma"를 직접 입력하여 블로그 글을 복사해도 됩니다.

N | 페이지 콘텐츠가 있는 경우 Q&A 사용법

01 페이지 오른쪽 하단의 ✨ 아이콘을 클릭 후, [이 페이지에 대해 질문하기]를 클릭합니다. 프롬프트를 입력하고 ⬆ 아이콘을 클릭합니다.

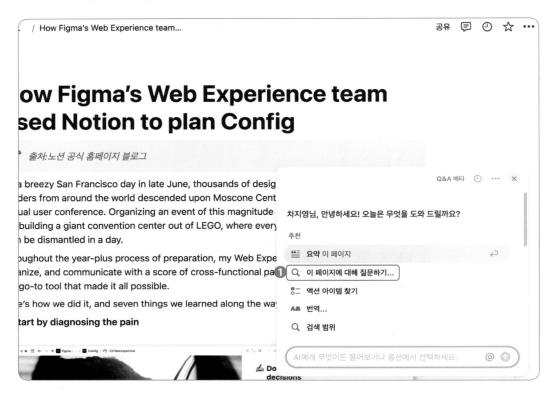

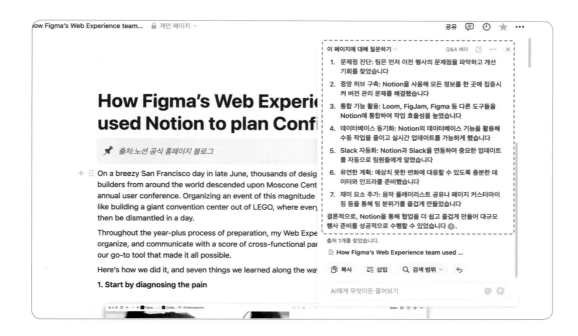

02 답변 옆에 숫자의 답변과 연관성이 있는 워크스페이스내의 페이지 갯수를 표시해 줍니다. 숫자에 마우스 오버하면 출처 링크와 해당 페이지 콘텐츠 미리보기 창이 나타납니다.

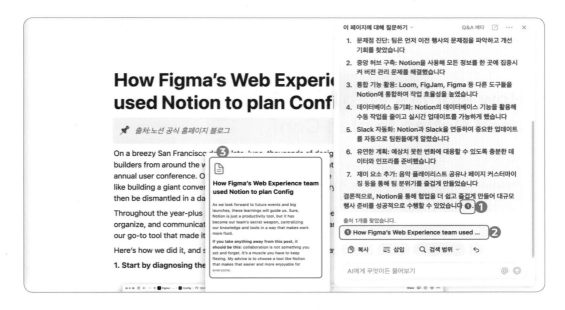

03 이어서 프롬프트를 입력 후, 받은 답변은 [페이지 저장]을 클릭해 기존의 페이지를 선택하여 하위 페이지 또는 개인 페이지에 저장할 수 있습니다.

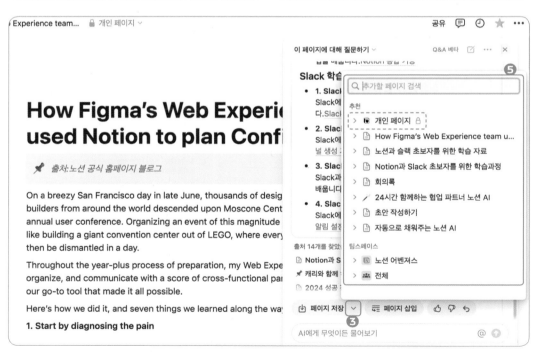

04 [페이지 열기]를 클릭하면 답변 내용이 선택한 위치의 페이지에 저장이 됩니다.

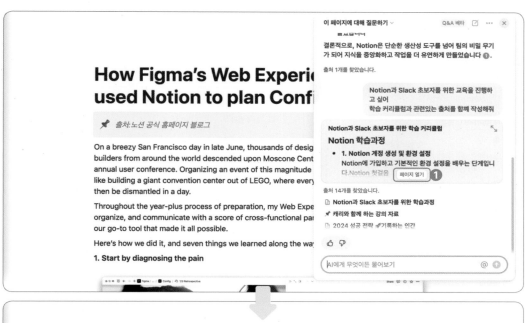

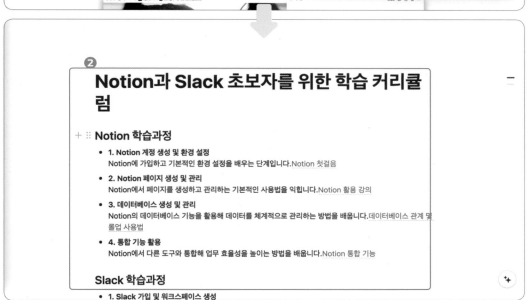

N | 페이지 콘텐츠가 없는 경우 Q&A 사용법

페이지 콘텐츠가 없는 경우 사이드바의 Notion AI를 사용합니다.

01 사이드바의 [Notion AI]를 클릭하고 페이지에 나타난 [플로차트 만들기]를 클릭합니다.

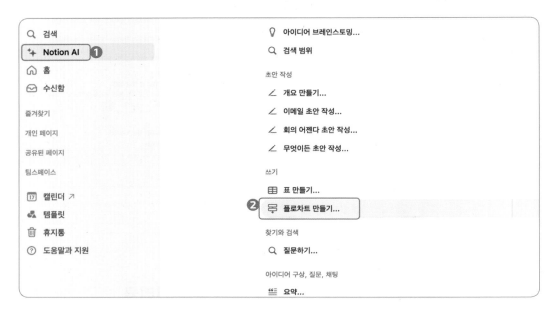

02 프롬프트 창에 "노션을 이용하여 기록과 시간 관리를 위한 방법을 구체적으로 작성해 줘"를 입력하고 Enter 를 누릅니다.

03 생성된 답변에 마우스 오버하면 나타나는 [저장]을 클릭하고 [개인 페이지]를 클릭합니다.

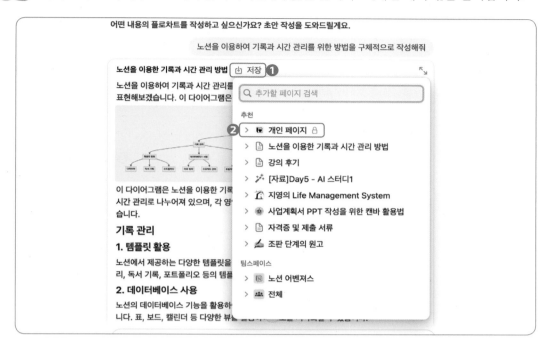

04 개인 페이지 섹션에 페이지로 저장됩니다.

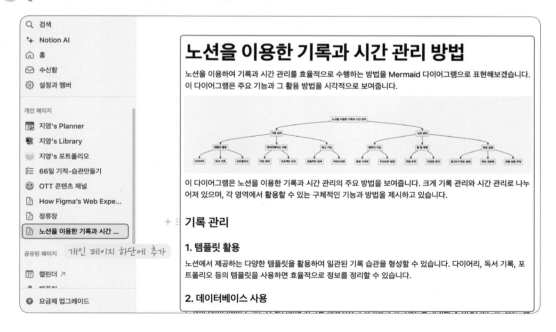

N | 노션 Q&A와 Notion AI 모든 채팅 보기

워크스페이스의 Notion AI와 주고받은 모든 채팅 대화 내용을 확인할 수 있습니다.

01 사이드바의 [Notion AI]를 클릭하고 오른쪽 상단의 ••• 아이콘 메뉴에서 [모든 채팅 보기]를 클릭합니다.

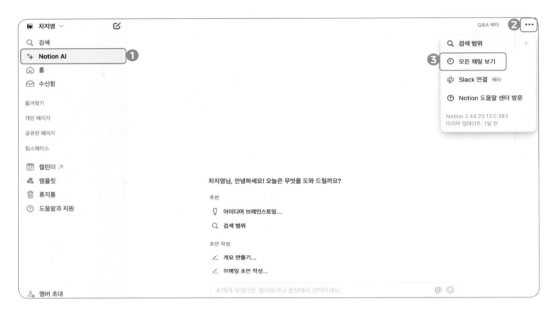

02 채팅 목록을 확인할 수 있고 제목에 마우스 오버하여 삭제합니다.

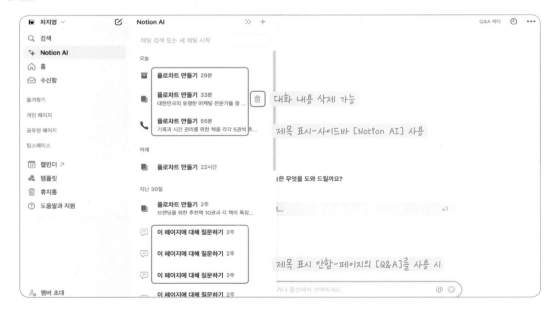